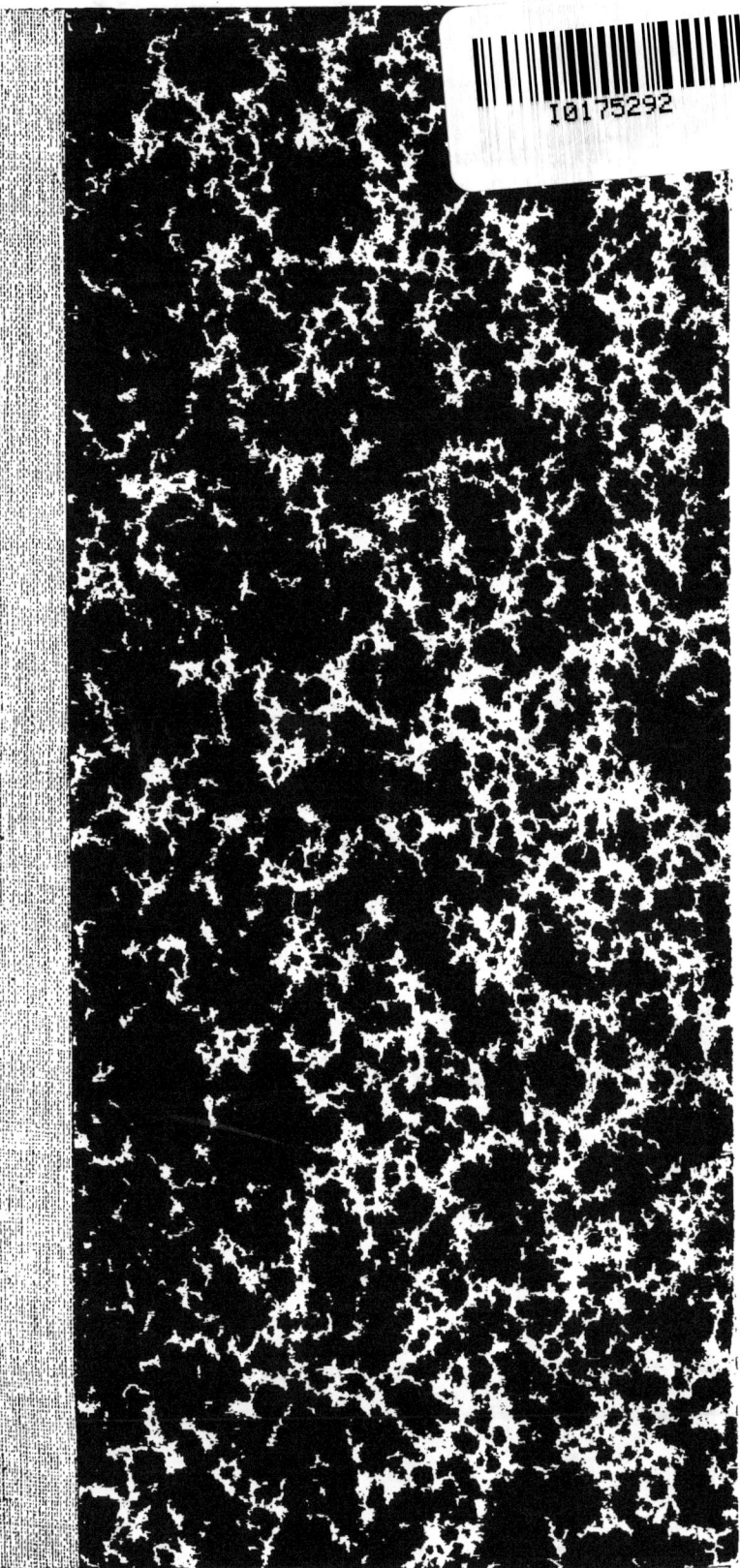

LES
AUTEURS GRECS

EXPLIQUÉS D'APRÈS UNE MÉTHODE NOUVELLE

PAR DEUX TRADUCTIONS FRANÇAISES

L'UNE LITTÉRALE ET JUXTALINÉAIRE PRÉSENTANT LE MOT A MOT FRANÇAIS
EN REGARD DES MOTS GRECS CORRESPONDANTS
L'AUTRE CORRECTE ET PRÉCÉDÉE DU TEXTE GREC

avec des sommaires et des notes

PAR UNE SOCIÉTÉ DE PROFESSEURS

ET D'HELLÉNISTES

ÉSOPE

—

FABLES CHOISIES

EXPLIQUÉES LITTÉRALEMENT
ET TRADUITES EN FRANÇAIS

PAR C. LEPRÉVOST

PARIS
LIBRAIRIE HACHETTE ET Cie
79, BOULEVARD SAINT-GERMAIN, 79

LES
AUTEURS GRECS

EXPLIQUÉS D'APRÈS UNE MÉTHODE NOUVELLE

PAR DEUX TRADUCTIONS FRANÇAISES

Ces fables ont été expliquées littéralement et traduites en français par C. Leprévost, ancien professeur au lycée Fontanes.

Typographie Lahure, rue de Fleurus, 9, à Paris.

LES
AUTEURS GRECS

EXPLIQUÉS D'APRÈS UNE MÉTHODE NOUVELLE

PAR DEUX TRADUCTIONS FRANÇAISES

L'UNE LITTÉRALE ET JUXTALINÉAIRE PRÉSENTANT LE MOT A MOT FRANÇAIS
EN REGARD DES MOTS GRECS CORRESPONDANTS
L'AUTRE CORRECTE ET PRÉCÉDÉE DU TEXTE GREC

avec des sommaires et des notes

PAR UNE SOCIÉTÉ DE PROFESSEURS
ET D'HELLÉNISTES

ÉSOPE

FABLES CHOISIES

PARIS
LIBRAIRIE HACHETTE ET Cie
79, BOULEVARD SAINT-GERMAIN, 79

1875

AVIS

RELATIF A LA TRADUCTION JUXTALINÉAIRE.

On a réuni par des traits les mots français qui traduisent un seul mot grec.

On a imprimé en *italique* les mots qu'il était nécessaire d'ajouter pour rendre intelligible la traduction littérale, et qui n'ont pas leur équivalent dans le grec.

Enfin, les mots placés entre parenthèses, dans le français, doivent être considérés comme une seconde explication, plus intelligible que la version littérale.

NOTICE

SUR ÉSOPE ET LES FABLES QUI LUI SONT ATTRIBUÉES.

La vie et la patrie d'Ésope sont entourées d'obscurité. D'après les conjectures les plus vraisemblables, ce fabuliste, Phrygien d'origine, contemporain de Solon et des Pisistratides, esclave du Samien Iadmon et de Xanthus qui l'affranchit, fut précipité du haut d'un rocher dans la mer par les habitants de Delphes, qui se croyaient offensés par lui, 650 av. J. C.

Les fables connues sous le nom de fables d'Ésope sont-elles toutes de cet auteur, ont-elles été composées par lui, en est-il même l'inventeur?

La fable ne doit son origine ni à un peuple ni à un poëte en particulier. On la retrouve chez tous les peuples, aux premières époques de leur civilisation : la fable est pour l'homme encore enfant son premier livre de morale; elle est originaire de l'Orient : et longtemps avant Ésope, les Grecs la connaissaient par Hésiode, Archiloque, Stésichore, etc. Mais c'est surtout au fabuliste phrygien qu'elle doit son perfectionnement.

Il ne parait pas toutefois qu'il ait composé ses fables comme une œuvre d'imagination : il ne s'en servait que comme d'un moyen de persuasion. Aussi, pour ces deux motifs, est-il raisonnable de penser qu'elles étaient racontées en prose. Quoique rien ne l'indique positivement, il n'est pas moins raisonnable de croire qu'Ésope n'a pas écrit ses fables. Elles se sont propagées et transmises par la tradition orale.

On conçoit alors que toute fable dont on ne put nommer l'auteur fut attribuée à Ésope. Aussi la critique est-elle dans l'impossibilité de déterminer celles qui lui appartiennent. Une chose certaine seulement, c'est qu'un certain Babrius, Babrias ou Gabrias, qu'à l'élégance et à la pureté de sa diction on croit avoir vécu vers le siècle d'Auguste, mit les fables Ésopiennes en vers *Choriambiques*. On en aperçoit encore aujourd'hui des traces malgré les mutilations et les métamorphoses que ces ïambes ont subies. Car les vers de Babrius ont été remis en prose, augmentés de courtes affabulations par divers auteurs, accrus de nouvelles additions faites par le rhéteur *Aphthonius*, 350 ap. J.-C., recueillis et probablement encore arrangés par *Planude*, moine de Nicomédie, 1350 ap. J. C.

Quoi qu'il en soit de tous ces changements ou altérations, le recueil des fables d'Ésope n'en est pas moins un des livres les plus propres à initier les élèves à la connaissance de la langue grecque. Cet avantage, il le doit à sa brièveté, à la pureté et à la simplicité du style, à la clarté et à l'intérêt des petits drames qui y sont représentés, et qui, sans avoir positivement une signification directe et personnelle, n'en sont pas moins autant de miroirs où chacun peut se voir agir et penser, et une succession de tableaux remplis de préceptes et d'exemples bien propres à donner pour ainsi dire une expérience anticipée.

ΜΥΘΟΙ ΕΚΛΕΚΤΟΙ

ΑΙΣΩΠΟΥ.

ΜΥΘΟΣ Α'.
ΑΛΩΠΗΞ.

Ἀλώπηξ, εἰς οἰκίαν ἐλθοῦσα ὑποκριτοῦ, καὶ ἕκαστα τῶν αὐτοῦ σκευῶν διερευνωμένη, εὗρε καὶ κεφαλὴν μορμολυκείου εὐφυῶς κατεσκευασμένην, ἣν καὶ ἀναλαβοῦσα ταῖς χερσὶν, ἔφη· « Ὦ οἵα κεφαλὴ, καὶ ἐγκέφαλον οὐκ ἔχει. »

Ἐπιμύθιον. Ὁ μῦθος [προσήκει] πρὸς ἄνδρας μεγαλοπρεπεῖς μὲν τῷ σώματι, κατὰ δὲ ψυχὴν ἀλογίστους.

FABLE I.
LE RENARD.

Un Renard, étant entré dans la maison d'un comédien, et ayant passé en revue chacun de ses meubles, trouva parmi eux une tête de masque artistement faite; la prenant alors dans ses pattes, il s'écria : « Quelle tête! et elle n'a pas de cervelle. »

Morale. Cette fable s'adresse aux hommes dont le corps est magnifique, il est vrai, mais dont l'âme est insensée.

ΜΥΘΟΣ Β'.
ΓΕΡΩΝ ΚΑΙ ΘΑΝΑΤΟΣ.

Γέρων ποτὲ ξύλα κόψας, ταῦτα φέρων, πολλὴν ὁδὸν ἐβάδιζε, καὶ διὰ τὸν πολὺν κόπον ἀποθέμενος ἐν τόπῳ τινὶ τὸν φόρτον,

FABLE II.
LE VIEILLARD ET LA MORT.

Un jour un Vieillard, ayant coupé du bois, le reportait chez lui, et marchait depuis longtemps; l'excès de la fatigue l'ayant forcé de

FABLES CHOISIES
D'ÉSOPE.

FABLE 1.

ΑΛΩΠΗΞ.	LE RENARD.
Ἀλώπηξ ἐλθοῦσα	Un renard étant venu
εἰς οἰκίαν ὑποκριτοῦ,	dans une maison de comédien,
καὶ διερευνωμένη	et examinant
ἕκαστα τῶν σκευῶν αὐτοῦ,	chacun des meubles de lui,
εὗρε καὶ	trouva aussi
κεφαλὴν μορμολυκείου	une tête de masque
κατεσκευασμένην εὐφυῶς,	façonnée ingénieusement,
ἣν καὶ	laquelle aussi
ἀναλαβοῦσα	ayant soulevée
ταῖς χερσὶν,	*dans* les pattes *de lui*,
ἔφη·	il dit :
« Ὦ οἵα κεφαλὴ,	« O quelle tête,
καὶ οὐκ ἔχει ἐγκέφαλον. »	et elle n'a pas de cervelle. »
Ἐπιμύθιον.	*Morale.*
Ὁ μῦθος [προσήκει] πρὸς ἄνδρας	La fable s'adresse aux hommes
μεγαλοπρεπεῖς μὲν τῷ σώματι,	magnifiques à la vérité par le corps,
ἀλογίστους δὲ κατὰ ψυχήν.	mais insensés quant à l'âme.

FABLE 2.

ΓΕΡΩΝ ΚΑΙ ΘΑΝΑΤΟΣ.	LE VIEILLARD ET LA MORT.
Ποτὲ Γέρων	Un jour un Vieillard
κόψας ξύλα,	ayant coupé des bois,
φέρων ταῦτα,	portant ceux-ci,
ἐβάδιζεν ὁδὸν πολλὴν,	marchait une route longue,
καὶ ἀποθέμενος τὸν φόρτον	et ayant déposé le fardeau *de lui*
ἔν τινι τόπῳ	dans un certain lieu
διὰ τὸν κόπον πολὺν,	à cause de la fatigue grande,

τὸν Θάνατον ἐπεκαλεῖτο. Τοῦ δὲ Θανάτου παρόντος καὶ πυνθανομένου τὴν αἰτίαν δι' ἣν αὐτὸν ἐκάλει, δειλιάσας ὁ Γέρων ἔφη· « Ἵνα μου τὸν φόρτον ἄρῃς[1].»

Ἐπιμύθιον. Ὁ μῦθος δηλοῖ ὅτι πᾶς ἄνθρωπος φιλόζωος [ἐστὶν], εἰ καὶ δυστυχεῖ, καὶ πτωχός ἐστι.

déposer son fardeau dans un certain lieu, il se mit à invoquer la Mort. Celle-ci se présentant aussitôt et lui demandant pour quel motif il l'appelait, le Vieillard effrayé lui répondit : « afin que tu soulèves mon fardeau. »

Morale. Cette fable montre que tout homme tient à la vie, même quand il est malheureux et misérable.

ΜΥΘΟΣ Γ'.

ΓΑΛΗ.

Γαλῆ, εἰς ἐργαστήριον εἰσελθοῦσα χαλκέως, τὴν ἐκεῖ κειμένην περιέλειχε ῥίνην. Ξυομένης δὲ τῆς γλώττης, αἷμα πολὺ ἐφέρετο. Ἡ δὲ ᾔδετο, νομίζουσά τι τοῦ σιδήρου ἀφαιρεῖν, ἄχρις οὗ παντελῶς πᾶσαν τὴν γλῶτταν ἀνήλωσεν.

Ἐπιμύθιον. Ὁ μῦθος [προσήκει] πρὸς τοὺς ἐν φιλονεικίαις ἑαυτοὺς βλάπτοντας.

FABLE III.

LA BELETTE.

Une Belette, qui s'était glissée dans la boutique d'un serrurier, léchait une lime qui se trouvait là. Sa langue s'étant écorchée, il en coula beaucoup de sang. Elle était dans la joie, persuadée qu'elle enlevait quelque chose au fer, jusqu'au moment où sa langue fut entièrement usée.

Morale. Cette fable s'adresse à ceux qui dans les querelles se nuisent à eux-mêmes.

FABLE 3.

ἐπεκαλεῖτο τὸν Θάνατον.	il invoquait la Mort.
Τοῦ δὲ Θανάτου	Mais la Mort
παρόντος	se présentant
καὶ πυνθανομένου τὴν αἰτίαν	et demandant la cause
διὰ ἣν ἐκάλει αὐτὸν,	pour laquelle il appelait elle,
ὁ Γέρων δειλιάσας	le Vieillard ayant eu-peur
ἔφη·	dit :
« Ἵνα ἄρῃς	« Afin que tu lèves
τὸν φόρτον μου. »	le fardeau de moi :
Ἐπιμύθιον.	Morale.
Ὁ μῦθος δηλοῖ ὅτι	La fable montre que
πᾶς ἄνθρωπος [ἐστὶ] φιλόζωος,	tout homme *est* ami-de-la-vie,
εἰ καὶ δυστυχεῖ,	si même il est-malheureux,
καί ἐστι πτωχός.	et *si* il est mendiant.

FABLE 3.

ΓΑΛΗ. — LA BELETTE.

Γαλῆ εἰσελθοῦσα	Une Belette étant entrée
εἰς ἐργαστήριον	dans une boutique
χαλκέως,	de serrurier,
περιέλειχε	léchait-tout-autour
τὴν ῥίνην κειμένην ἐκεῖ.	la lime étendue là.
Τῆς δὲ γλώττης	Mais la langue *d'elle*
ξυομένης,	étant raclée,
αἷμα πολὺ	un sang abondant
ἐφέρετο.	était emporté (s'écoulait).
Ἡ δὲ ἥδετο,	Or celle-ci se réjouissait,
νομίζουσα ἀφαιρεῖν	pensant enlever
τὶ τοῦ σιδήρου,	quelque-chose du fer,
ἄχρις οὗ	jusqu'à ce que
ἀνήλωσε παντελῶς	elle eut dépensé entièrement
πᾶσαν τὴν γλῶτταν.	toute la langue *d'elle*.
Ἐπιμύθιον.	Morale.
Ὁ μῦθος [προσήκει] πρὸς τοὺς	La fable s'adresse à ceux
βλάπτοντας ἑαυτοὺς	blessant eux-mêmes
ἐν φιλονεικίαις.	dans des querelles.

ΜΥΘΟΣ Δ'.
ΧΕΛΩΝΗ ΚΑΙ ΑΕΤΟΣ.

Χελώνη Ἀετοῦ ἐδεῖτο, ἵπτασθαι αὐτὴν διδάξαι. Τοῦ δὲ παραινοῦντος, πόρρω τοῦτο τῆς φύσεως αὐτῆς εἶναι, ἐκείνη μᾶλλον τῇ δεήσει προσέκειτο. Λαβὼν οὖν αὐτὴν τοῖς ὄνυξι, καὶ εἰς ὕψος ἀνενεγκὼν, εἶτ᾽ ἀφῆκεν. Ἡ δὲ, κατὰ πετρῶν πεσοῦσα, συνετρίβη.

Ἐπιμύθιον. Ὁ μῦθος δηλοῖ ὅτι πολλοὶ ἐν φιλονεικίαις, τῶν φρονιμωτέρων παρακούσαντες, ἑαυτοὺς ἔβλαψαν.

FABLE IV.
LA TORTUE ET L'AIGLE.

Une Tortue priait un Aigle de lui apprendre à voler. Celui-ci lui représentant qu'il n'était pas dans la nature des tortues de le pouvoir, ses instances devinrent plus pressantes. L'Aigle, l'ayant donc prise dans ses serres, l'enleva dans les airs, puis la lâcha. La Tortue, étant tombée sur des pierres, s'y brisa.

Morale. Cette fable montre que nombre de gens, ne voulant point écouter de plus sages qu'eux, se nuisent à eux-mêmes dans leurs contestations.

ΜΥΘΟΣ Ε'.
ΟΝΟΣ ΚΑΙ ΑΛΩΠΗΞ.

Ὄνος, ἐνδυσάμενος λεοντῆν, περιῄει, τἄλλα τῶν ζώων ἐκφοβῶν. Καὶ δὴ θεασάμενος Ἀλώπεκα, ἐπειρᾶτο καὶ ταύτην δεδίττεσθαι. Ἡ δὲ (ἐτύγχανε γὰρ αὐτοῦ φθεγξαμένου προακηκουῖα)

FABLE V.
L'ANE ET LE RENARD.

Un Ane, s'étant affublé d'une peau de lion, courait le pays, jetant l'épouvante parmi les autres animaux. Ayant aperçu un Renard, il essaya de l'effrayer aussi; mais celui-ci, qui se trouvait l'avoir

FABLE 4.

ΧΕΛΩΝΗ ΚΑΙ ΑΕΤΟΣ.	LA TORTUE ET L'AIGLE.
Χελώνη ἐδεῖτο Ἀετοῦ	Une Tortue priait un Aigle
διδάξαι αὐτὴν ἵπτασθαι.	d'enseigner à elle à voler.
Τοῦ δὲ παραινοῦντος	Mais celui-ci l'avertissant
τοῦτο εἶναι πόῤῥω	cela être loin
τῆς φύσεως αὐτῆς,	de la nature d'elle,
ἐκείνη προσέκειτο	celle-là s'attachait
μᾶλλον τῇ δεήσει	davantage à la prière.
Λαβὼν οὖν αὐτὴν	Donc ayant pris elle
τοῖς ὄνυξι,	*dans* les ongles *de lui*,
καὶ ἀνενεγκὼν εἰς ὕψος,	et *l'*ayant élevée en haut,
ἀφῆκεν εἶτα.	il *la* lâcha ensuite.
Ἡ δὲ πεσοῦσα	Or celle-ci étant tombée
κατὰ πετρῶν,	sur des pierres
συνετρίβη.	fut broyée.
Ἐπιμύθιον.	*Morale.*
Ὁ μῦθος δηλοῖ ὅτι	La fable montre que
πολλοὶ ἐν φιλονεικίαις,	beaucoup dans les querelles,
παρακούσαντες	ayant écouté-négligemment
τῶν φρονιμωτέρων,	ceux plus prudents,
ἔβλαψαν ἑαυτούς.	ont blessé eux-mêmes.

FABLE 5.

ΟΝΟΣ ΚΑΙ ΑΛΩΠΗΞ.	L'ANE ET LE RENARD.
Ὄνος ἐνδυσάμενος	Un Ane ayant revêtu
λεοντῆν,	une peau-de-lion,
περιῄει,	allait-çà-et-là,
ἐκφοβῶν τὰ ἄλλα	effrayant les autres
τῶν ζώων.	des animaux.
Καὶ δὴ θεασάμενος Ἀλώπεκα,	Et donc ayant vu un Renard,
ἐπειρᾶτο καὶ	il essayait aussi
δεδίττεσθαι ταύτην.	d'épouvanter celui-ci.
Ἡ δὲ	Mais celui-ci
(ἐτύγχανε γὰρ	(car il se trouvait
προακηκουῖα	ayant entendu-auparavant
αὐτοῦ φθεγξαμένου)	lui criant)

πρὸς αὐτὸν ἔφη· « Ἀλλ' εὖ ἴσθι, ὡς καὶ ἐγὼ ἄν σε ἐφοβήθην, εἰ μὴ ὀγκωμένου ἤκουσα. »

Ἐπιμύθιον. Ὁ μῦθος δηλοῖ ὅτι Ἔνιοι τῶν ἀπαιδεύτων, τοῖς ἔξω δοκοῦντες τινὲς εἶναι, ὑπὸ τῆς ἰδίας γλωσσαλγίας ἐλέγχονται.

entendu crier auparavant, lui dit : « Mais sois bien sûr que moi aussi j'aurais eu peur de toi, si je ne t'avais auparavant entendu braire. »

Morale. Cette fable montre que certains ignorants qui paraissent quelque chose à qui ne les connaît pas, se trahissent par leur propre bavardage.

ΜΥΘΟΣ Ϛ'.
ΟΡΝΙΣ ΚΑΙ ΧΕΛΙΔΩΝ.

Ὄρνις, ὄφεως ᾠὰ εὑροῦσα, ἐπιμελῶς ἐκθερμάνασα, ἐξεκόλαψε. Χελιδὼν δὲ, θεασαμένη αὐτὴν, ἔφη· « Ὦ ματαία, τί ταῦτα τρέφεις, ἅπερ αὐξηθέντα ἀπὸ σοῦ πρώτης τοῦ ἀδικεῖν ἄρξεται; »

Ἐπιμύθιον. Ὁ μῦθος δηλοῖ, ὅτι ἀτιθάσσευτός ἐστιν ἡ πονηρία, κἂν τὰ μέγιστα εὐεργετῆται.

FABLE VI.
LA POULE ET L'HIRONDELLE.

Une Poule, ayant trouvé des œufs de serpent et les ayant couvés avec soin, les fit éclore. Une Hirondelle l'ayant vue, lui dit : « Insensée, pourquoi nourris-tu des petits, qui, devenus grands, commenceront à nuire par toi la première ? »

Morale. Cette fable montre que la méchanceté est intraitable, même quand on la comble des plus grands bienfaits.

FABLE 6.

ἔφη πρὸς αὐτόν·   dit à lui :
« Ἀλλὰ ἴσθι εὖ,   « Mais sache bien,
ὡς καὶ ἐγὼ   que moi aussi
ἐφοβήθην ἄν σε,   j'aurais craint toi,
εἰ μὴ ἤκουσα   si je n'avais pas entendu
ὀγκωμένου.   *toi* brayant.

Ἐπιμύθιον.   Morale.

Ὁ μῦθος δηλοῖ ὅτι   La fable montre que
ἔνιοι τῶν ἀπαιδεύτων,   quelques-uns des ignorants,
δοκοῦντες εἶναί τινες   paraissant être quelques-uns (quel-
τοῖς ἔξω,   à ceux du-dehors, [que chose
ἐλέγχονται   sont convaincus
ὑπὸ τῆς ἰδίας γλωσσαλγίας.   par le propre bavardage *d'eux*.

FABLE 6.

ΟΡΝΙΣ ΚΑΙ ΧΕΛΙΔΩΝ.   LA POULE ET L'HIRONDELLE.

Ὄρνις εὑροῦσα   Une Poule ayant trouvé
ὠὰ ὄφεως,   des œufs de serpent,
ἐκθερμάνασα ἐπιμελῶς,   *les* ayant échauffés soigneusement,
ἐξεκόλαψε.   *les* fit-éclore.
Χελιδὼν δὲ,   Or une Hirondelle,
θεασαμένη αὐτὴν,   ayant vu elle,
ἔφη·   dit :
« Ὦ ματαία,   « O insensée,
τί τρέφεις ταῦτα,   pourquoi nourris-tu ceux-ci,
ἅπερ αὐξηθέντα   lesquels étant accrus
ἄρξεται τοῦ ἀδικεῖν   commenceront le nuire
ἀπὸ σοῦ πρώτης; »   par toi la première?

Ἐπιμύθιον.   Morale.

Ὁ μῦθος δηλοῖ ὅτι   La fable montre que
ἡ πονηρία   la méchanceté
ἐστὶν ἀτιθάσσευτος,   est intraitable,
καὶ ἐὰν εὐεργετῆται   même si elle reçoit-des-bienfaits
τὰ μέγιστα.   les plus grands.

ΜΥΘΟΣ Ζ΄.

ΤΕΤΤΙΞ ΚΑΙ ΜΥΡΜΗΚΕΣ.

Χειμῶνος ὥρᾳ, τῶν σίτων βραχέντων, οἱ Μύρμηκες ἔψυχον· Τέττιξ δὲ λιμώττων ᾔτει αὐτοὺς τροφήν. Οἱ δὲ Μύρμηκες εἶπον αὐτῷ· « Διὰ τί τὸ θέρος οὐ συνῆγες τροφήν; » Ὁ δὲ εἶπεν· « Οὐκ ἐσχόλαζον, ἀλλ᾿ ᾖδον μουσικῶς. » Οἱ δὲ γελάσαντες εἶπον· « Ἀλλ᾿ εἰ θέρους ὥραις ηὔλεις, χειμῶνος ὀρχοῦ. »

Ἐπιμύθιον. Ὁ μῦθος δηλοῖ ὅτι οὐ δεῖ τινὰ ἀμελεῖν ἐν παντὶ πράγματι, ἵνα μὴ λυπηθῇ καὶ κινδυνεύσῃ.

FABLE VII.

LA CIGALE ET LES FOURMIS.

A l'époque de l'hiver, les blés ayant été mouillés, les Fourmis les faisaient sécher. Une Cigale qui avait faim leur demanda de quoi manger. Les Fourmis lui dirent : « Pourquoi en été n'as-tu pas amassé de quoi vivre ? » Elle leur répondit : « Je n'avais pas le temps, je chantais mélodieusement. » Alors les Fourmis, se mettant à rire, lui répliquèrent : « Eh bien ! puisque tu chantais en été, danse en hiver. »

Morale. Cette fable montre qu'il ne faut montrer de négligence en rien, afin d'éviter tout chagrin et tout danger.

ΜΥΘΟΣ Η΄.

ΟΡΝΙΣ ΧΡΥΣΟΤΟΚΟΣ.

Ὀρνιθά τις εἶχεν ᾠὰ χρυσᾶ τίκτουσαν· καὶ νομίσας ἔνδον αὐτῆς ὄγκον χρυσίου εἶναι, κτείνας εὕρηκεν ὁμοίαν τῶν λοιπῶν

FABLE VIII.

LA POULE AUX OEUFS D'OR.

Un homme avait une Poule qui pondait des œufs d'or ; ayant pensé qu'elle renfermait une masse d'or, il la tua et la trouva semblable

FABLE 7.

ΤΕΤΤΙΞ ΚΑΙ ΜΥΡΜΗΚΕΣ.	LA CIGALE ET LES FOURMIS.
Ὥρᾳ χειμῶνος,	Dans la saison de l'hiver,
τῶν σίτων βραχέντων,	les blés ayant été mouillés,
οἱ Μύρμηκες ἔψυχον.	les Fourmis *les* faisaient-sécher.
Τέττιξ δὲ λιμώττων	Or une Cigale ayant-faim
ᾔτει αὐτοὺς τροφήν.	demandait à elles de la **nourriture**.
Οἱ δὲ Μύρμηκες	Mais les Fourmis
εἶπον αὐτῷ·	dirent à elle :
« Διὰ τί τὸ θέρος	« Pourquoi *pendant* l'été
οὐ συνῆγες	ne rassemblais-tu pas
τροφήν; »	de la nourriture ? »
Ὁ δὲ εἶπεν·	Or celle-ci dit :
« Οὐκ ἐσχόλαζον,	« Je n'avais-pas-loisir ,
ἀλλὰ ᾖδον μουσικῶς. »	mais je chantais mélodieusement. »
Οἱ δὲ γελάσαντες εἶπον·	Et celles-ci ayant ri dirent .
« Ἀλλὰ εἰ ηὔλεις	«Mais si tu chantais
ὥραις θέρους,	*dans* les saisons de l'été,
ὀρχοῦ χειμῶνος. »	danse *dans celles* de l'hiver.»
Ἐπιμύθιον.	*Morale.*
Ὁ μῦθος δηλοῖ ὅτι	La fable montre que
ἐν παντὶ πράγματι	en toute chose
οὐ δεῖ	il ne faut pas
τινὰ ἀμελεῖν,	quelqu'un être-négligent ,
ἵνα μὴ λυπηθῇ	afin qu'il ne soit pas affligé
καὶ κινδυνεύσῃ.	et *qu'*il ne tombe-pas-en-danger.

FABLE 8.

ΟΡΝΙΣ ΧΡΥΣΟΤΟΚΟΣ.	LA POULE PONDANT-DE-L'OR.
Τις εἶχεν Ὄρνιθα	Quelqu'un avait une Poule
τίκτουσαν ᾠὰ χρυσᾶ·	pondant des œufs d'-or ;
καὶ νομίσας	et ayant pensé
ὄγκον χρυσίου	une masse d'or
εἶναι ἔνδον αὐτῆς,	être en-dedans d'elle ,
κτείνας,	*l'*ayant tuée,
εὕρηκεν ὁμοίαν.	il *la* trouva semblable
τῶν λοιπῶν ὀρνίθων.	à toutes-les-autres poules.

ὀρνίθων. Ὁ δὲ, ἀθρόον πλοῦτον ἐλπίσας εὑρήσειν, καὶ τοῦ μικροῦ ἐστέρηται ἐκείνου.

Ἐπιμύθιον. Ὁ μῦθος δηλοῖ ὅτι δεῖ τοῖς παροῦσιν ἀρκεῖσθαι, καὶ τὴν ἀπληστίαν φεύγειν.

aux autres poules. Et cet homme, qui avait espéré trouver un grand trésor, fut privé même du peu d'or qu'elle lui donnait.

Morale. Cette fable montre qu'il faut se contenter des biens présents et éviter l'insatiabilité.

ΜΥΘΟΣ Θ'.
ΚΟΛΟΙΟΣ ΚΑΙ ΠΕΡΙΣΤΕΡΑΙ.

Κολοιὸς, ἔν τινι περιστερεῶνι Περιστερὰς ἰδὼν καλῶς τρεφομένας, λευκάνας ἑαυτὸν, ἦλθεν, ὡς καὶ αὐτὸς τῆς αὐτῆς διαίτης μεταληψόμενος. Αἱ δὲ, μέχρι μὲν ἡσύχαζεν, οἰόμεναι περιστερὰν αὐτὸν εἶναι, προσίεντο. Ἐπεὶ δέ ποτε ἐκλαθόμενος ἐφθέγξατο, τηνικαῦτα τὴν αὐτοῦ γνοῦσαι φύσιν, ἐξήλασαν παίουσαι. Καὶ ὃς, ἀποτυχὼν τῆς ἐνταῦθα τροφῆς, ἐπανῆκε πρὸς τοὺς κολοιοὺς πάλιν. Κἀκεῖνοι, διὰ τὸ χρῶμα αὐτὸν οὐκ ἐπιγνόντες, τῆς μεθ'

FABLE IX.
LE GEAI ET LES COLOMBES.

Un Geai, ayant vu dans un colombier des Colombes bien nourries, se blanchit lui-même, et vint pour prendre part aussi à la même manière de vivre. Tant qu'il garda le silence, celles-ci, qui le prenaient pour une colombe, l'admirent au milieu d'elles. Mais un jour par mégarde il se fit entendre ; les Colombes alors reconnaissant son espèce, le chassèrent en le frappant. Et lui, privé de la nourriture du colombier, retourna parmi les geais. Ceux-ci, ne le reconnaissant pas à cause de sa couleur, l'empêchèrent de partager leur nourriture.

FABLE 9.

Ὁ δὲ, ἐλπίσας εὑρήσειν	Et lui, ayant espéré devoir trouver
πλοῦτον ἀθρόον,	une richesse entassée,
ἐστέρηται καὶ	fut privé même
ἐκείνου τοῦ μικροῦ.	de cette petite-là.
Ἐπιμύθιον.	*Morale.*
Ὁ μῦθος δηλοῖ ὅτι	La fable montre que
δεῖ ἀρκεῖσθαι	il faut se contenter
τοῖς παροῦσι,	des choses présentes,
καὶ φεύγειν τὴν ἀπληστίαν.	et fuir l'insatiabilité.

FABLE 9.

ΚΟΛΟΙΟΣ ΚΑΙ ΠΕΡΙΣΤΕΡΑΙ. LE GEAI ET LES COLOMBES.

Κολοιὸς ἰδὼν	Un Geai ayant vu
ἔν τινι περιστερεῶνι	dans un certain colombier
Περιστερὰς καλῶς τρεφομένας,	des Colombes bien nourries,
λευκάνας ἑαυτὸν,	ayant blanchi lui-même,
ἦλθεν,	vint,
ὡς καὶ αὐτὸς μεταληψόμενος	comme lui aussi devant partager
τῆς αὐτῆς διαίτης.	le même régime.
Αἱ δὲ,	Mais celles-ci,
μέχρι μὲν ἡσύχαζεν,	tant que certes il resta-en-repos,
οἰόμεναι αὐτὸν	pensant lui
εἶναι περιστερὰν,	être une colombe,
προσίεντο.	*l'*admirent.
Ἐπεὶ δέ ποτε ἐκλαθόμενος	Mais lorsqu'une fois s'étant oublié
ἐφθέγξατο,	il eut crié,
τηνικαῦτα γνοῦσαι	alors ayant connu
τὴν φύσιν αὐτοῦ,	la nature de lui,
ἐξήλασαν παίουσαι.	elles *le* chassèrent *le* frappant.
Καὶ ὃς, ἀποτυχὼν	Et lui, étant privé
τῆς τροφῆς ἐνταῦθα,	de la nourriture *étant* là,
ἐπανῆκε πάλιν	revint de nouveau
πρὸς τοὺς κολοιούς.	vers les geais.
Καὶ ἐκεῖνοι,	Et ceux-ci,
οὐκ ἐπιγνόντες αὐτὸν	ne reconnaissant pas lui
διὰ τὸ χρῶμα,	à cause de la couleur,
ἀπεῖρξαν	*le* repoussèrent

αὐτῶν διαίτης ἀπεῖρξαν, ὥστε δυοῖν ἐπιθυμήσαντα, μηδετέρας τυχεῖν.

Ἐπιμύθιον. Ὁ μῦθος δηλοῖ ὅτι δεῖ καὶ ἡμᾶς τοῖς ἑαυτῶν ἀρκεῖσθαι, λογιζομένους, ὅτι ἡ πλεονεξία, πρὸς τῷ μηδὲν ὠφελεῖν, ἀφαιρεῖται καὶ τὰ προσόντα πολλάκις.

de manière que pour avoir recherché deux moyens de vivre, il n'obtint ni l'un ni l'autre.

Morale. Cette fable montre qu'il faut nous contenter de ce que nous avons, faisant cette réflexion, que l'avidité, outre qu'elle n'est bonne à rien, nous enlève souvent même ce que nous possédons.

ΜΥΘΟΣ Ι'.

ΛΥΚΟΣ ΚΑΙ ΓΕΡΑΝΟΣ.

Λύκου λαιμῷ ὀστέον ἐπεπήγει· ὁ δὲ Γεράνῳ μισθὸν παρέξειν εἶπεν, εἰ τὴν κεφαλὴν αὐτῆς ἐπιβαλοῦσα, τὸ ὀστοῦν ἐκ τοῦ λαιμοῦ αὐτοῦ ἐκβάλοι. Ἡ δὲ, τοῦτ' ἐκβαλοῦσα, δολιχόδειρος οὖσα, τὸν μισθὸν ἐπεζήτει. Ὅστις γελάσας, καὶ τοὺς ὀδόντας θήξας, « Ἀρκεῖ σοι μισθὸς, ἔφη, τοῦτο καὶ μόνον, ὅτι ἐκ λύκου στόματος καὶ ὀδόντων ἐξεῖλες κάραν σώαν, καὶ μηδὲν παθοῦσαν. »

FABLE X.

LE LOUP ET LA GRUE.

Un os était resté dans le gosier d'un Loup. Ce Loup dit à une Grue qu'il lui donnerait un salaire, si elle voulait introduire son bec et lui retirer l'os du gosier. Celle-ci l'ayant retiré, grâce à son long cou, demanda le salaire promis. L'autre s'étant mis à rire, puis ayant grincé des dents : « C'est pour toi, lui dit-il, un salaire bien suffisant, que d'avoir retiré de la gueule et des dents d'un loup ta tête saine et sauve et sans le moindre mal. »

FABLE 10.

τῆς διαίτης μετὰ αὐτῶν,	de la nourriture avec eux-mêmes,
ὥστε ἐπιθυμήσαντα	de sorte que ayant désiré
δυοῖν	deux *nourritures*
τυχεῖν	*lui n*'avoir obtenu
μηδετέρας.	ni l'une ni l'autre.
Ἐπιμύθιον.	*Morale.*
Ὁ μῦθος δηλοῖ ὅτι	La fable montre que
δεῖ καὶ ἡμᾶς ἀρκεῖσθαι	il faut aussi nous être-contents
τοῖς ἑαυτῶν,	des-choses de nous-mêmes,
λογιζομένους, ὅτι ἡ πλεονεξία,	réfléchissant, que l'avidité,
πρὸς τῷ ὠφελεῖν μηδὲν,	outre le n'être-utile en rien,
ἀφαιρεῖται πολλάκις	enlève souvent
καὶ τὰ προσόντα.	même les-choses présentes.

FABLE 10.

ΛΥΚΟΣ ΚΑΙ ΓΕΡΑΝΟΣ. — LE LOUP ET LA GRUE.

Ὀστέον ἐπεπήγει	Un os était fiché
λαιμῷ Λύκου·	*dans* le gosier d'un Loup:
ὁ δὲ εἶπε Γεράνῳ,	et celui-ci dit à une Grue
παρέξειν μισθὸν,	devoir *lui* fournir un salaire,
εἰ ἐπιβαλοῦσα	si ayant introduit
τὴν κεφαλὴν αὐτῆς,	la tête d'elle,
ἐκβάλοι τὸ ὀστέον	elle retirait l'os
ἐκ τοῦ λαιμοῦ αὐτοῦ.	hors du gosier de lui.
Ἡ δὲ ἐκβαλοῦσα τοῦτο,	Or celle-ci ayant retiré cet *os*,
οὖσα δολιχόδειρος,	étant *oiseau* à-long-cou,
ἐπεζήτει	demandait-avec-instance
τὸν μισθόν.	le salaire.
Ὅστις γελάσας,	Celui-ci ayant ri,
καὶ θήξας τοὺς ὀδόντας·	et ayant aiguisé les dents *de lui* :
« Τοῦτο καὶ μόνον, ἔφη,	« Cela même seul, dit-il,
ἀρκεῖ σοι μισθὸς,	suffit à toi *pour* salaire,
ὅτι ἐξεῖλες	que tu as ôté
ἐκ στόματος	hors de la gueule
καὶ ὀδόντων λύκου	et des dents d'un loup
κάραν σῴαν	*ta* tête saine-et-sauve
καὶ παθοῦσαν μηδέν. »	et *n*'ayant souffert rien. »

Ἐπιμύθιον. Ὁ μῦθος [προσήκει] πρὸς δολίους ἄνδρας, οἵτιες ἀπὸ κινδύνου διασωθέντες, τοῖς εὐεργέταις τοιαύτας ἀπονέμουσι χάριτας.

Morale. Cette fable s'adresse aux hommes trompeurs qui, sauvés d'un danger, témoignent ainsi leur reconnaissance à leurs bienfaiteurs.

ΜΥΘΟΣ ΙΑ΄.
ΕΛΑΦΟΣ ΚΑΙ ΑΜΠΕΛΟΣ.

Ἔλαφος, κυνηγοὺς φεύγουσα, ὑπ᾽ Ἀμπέλῳ ἐκρύβη. Παρελθόντων δ᾽ ὀλίγον ἐκείνων, ἡ Ἔλαφος, τελέως ἤδη λαθεῖν δόξασα, τῶν τῆς Ἀμπέλου φύλλων ἐσθίειν ἤρξατο. Τούτων δὲ σειομένων, οἱ κυνηγοὶ ἐπιστραφέντες, καὶ (ὅπερ ἦν ἀληθὲς) νομίσαντες τῶν ζώων ὑπὸ τοῖς φύλλοις τι κρύπτεσθαι, βέλεσιν ἀνεῖλον τὴν Ἔλαφον. Ἡ δὲ, θνήσκουσα, τοιαῦτ᾽ ἔλεγε· « Δίκαια πέπονθα· οὐ γὰρ ἔδει τὴν σώσασάν με λυμαίνεσθαι. »

Ἐπιμύθιον. Ὁ μῦθος δηλοῖ ὅτι οἱ ἀδικοῦντες τοὺς εὐεργέτας ὑπὸ θεοῦ κολάζονται.

FABLE XI.
LA BICHE ET LA VIGNE.

Une Biche, fuyant des chasseurs, se cacha sous une Vigne. Ceux-ci étant passés un peu au delà, la Biche se crut dès lors parfaitement cachée, et se mit à brouter les feuilles de la Vigne ; mais à l'agitation des feuilles, les chasseurs s'étant retournés, et ayant cru, ce qui était vrai, que quelque animal était caché derrière le feuillage, tuèrent la Biche de leurs flèches. Celle-ci en mourant s'écria : « J'éprouve un juste châtiment ; car il ne fallait pas maltraiter celle qui m'avait sauvée. »

Morale. Cette fable montre que la divinité punit ceux qui nuisent à leurs bienfaiteurs.

FABLE 11.

Ἐπιμύθιον.

Ὁ μῦθος [προσήκει]
πρὸς ἄνδρας δολίους,
οἵτινες διασωθέντες ἀπὸ κινδύνου,
ἀπονέμουσι τοῖς εὐεργέταις
χάριτας τοιαύτας

Morale.

La fable s'adresse
aux hommes trompeurs,
qui ayant été sauvés d'un danger,
distribuent aux bienfaiteurs *d'eux*
des actions-de-grâce telles.

FABLE 11.

ΕΛΑΦΟΣ ΚΑΙ ΑΜΠΕΛΟΣ.   LA BICHE ET LA VIGNE.

Ἔλαφος, φεύγουσα κυνηγοὺς,
ἐκρύβη ὑπὸ Ἀμπέλῳ·
Ἐκείνων δὲ
παρελθόντων ὀλίγον,
ἡ Ἔλαφος, δόξασα λαθεῖν
ἤδη τελέως,
ἤρξατο ἐσθίειν
τῶν φύλλων τῆς Ἀμπέλου.
Τούτων δὲ σειομένων,
οἱ κυνηγοὶ ἐπιστραφέντες,
καὶ νομίσαντες
(ὅπερ ἦν ἀληθὲς)
τὶ τῶν ζώων
κρύπτεσθαι ὑπὸ τοῖς φύλλοις,
ἀνεῖλον τὴν Ἔλαφον
βέλεσιν.
Ἡ δὲ θνήσκουσα
ἔλεγε τοιαῦτα·
« Πέπονθα δίκαια·
οὐ γὰρ ἔδει
λυμαίνεσθαι τὴν
σώσασάν με. »

Une Biche, fuyant des chasseurs,
se cacha sous une Vigne.
Or ceux-ci
étant passés-au-delà un peu,
la biche, ayant pensé être cachée
désormais parfaitement,
commença à manger
les feuilles de la Vigne.
Mais celles-ci étant agitées,
les chasseurs s'étant retournés,
et ayant pensé
(ce-qui était vrai)
quelqu'un des animaux
se cacher sous les feuilles,
tuèrent la Biche
à coups de traits.
Et celle-ci mourant
disait de telles-choses :
« J'ai souffert des choses-justes ;
car il ne fallait pas
endommager celle
ayant sauvé moi. »

Ἐπιμύθιον.

Ὁ μῦθος δηλοῖ ὅτι
οἱ ἀδικοῦντες
τοὺς εὐεργέτας
κολάζονται ὑπὸ Θεοῦ.

Morale.

La fable montre que
ceux nuisant
aux bienfaiteurs *d'eux*
sont punis par Dieu.

ÉSOPE.

ΜΥΘΟΣ ΙΒ΄.

ΚΥΩΝ ΚΑΙ ΑΛΕΚΤΡΥΩΝ ΚΑΙ ΑΛΩΠΗΞ.

Κύων καὶ Ἀλεκτρυὼν, ἑταιρείαν ποιησάμενοι, ὥδευον. Ἑσπέρας δὲ καταλαβούσης, ὁ μὲν Ἀλεκτρυὼν ἐπὶ δένδρου ἐκάθευδεν ἀναβὰς, ὁ δὲ Κύων πρὸς τῇ ῥίζῃ τοῦ δένδρου, κοίλωμα ἔχοντος. Τοῦ δὲ Ἀλεκτρυόνος κατὰ τὸ εἰωθὸς νύκτωρ φωνήσαντος, Ἀλώπηξ ἀκούσασα πρὸς αὐτὸν ἔδραμε, καὶ στᾶσα κάτωθεν, πρὸς ἑαυτὴν κατελθεῖν ἠξίου· ἐπιθυμεῖν γὰρ ἀγαθὴν οὕτω φωνὴν ζῶον ἔχον ἀσπάσασθαι. Τοῦ δὲ εἰπόντος, τὸν θυρωρὸν πρότερον διυπνίσαι, ὑπὸ τὴν ῥίζαν καθεύδοντα, ὡς ἐκείνου ἀνοίξαντος κατελθεῖν, κἀκείνης ζητούσης αὐτὸν φωνῆσαι, ὁ Κύων, αἴφνης πηδήσας, αὐτὴν διεσπάραξεν.

Ἐπιμύθιον. Ὁ μῦθος δηλοῖ ὅτι οἱ φρόνιμοι τῶν ἀνθρώπων τοὺς ἐχθροὺς ἐπελθόντας πρὸς ἰσχυροτέρους πέμπουσι παραλογιζόμενοι.

FABLE XII.

LE CHIEN, LE COQ ET LE RENARD.

Un Chien et un Coq ayant fait société, voyageaient. Le soir étant survenu, ils s'endormirent, le Coq sur un arbre où il monta, et le Chien au pied de l'arbre où se trouvait un creux. Le Coq ayant chanté la nuit selon sa coutume, un Renard qui l'entendit, accourut vers lui, et d'en bas où il était, il le priait de descendre à sa rencontre; car il désirait beaucoup, ajoutait-il, embrasser un animal qui avait une si belle voix. Le Coq lui ayant dit d'éveiller auparavant le portier qui dormait au pied de l'arbre, afin qu'il pût descendre, quand ce dernier aurait ouvert, et le Renard cherchant à l'appeler, le Chien s'élança tout à coup sur lui et le mit en pièces.

Morale. Cette fable montre que les hommes prudents usent de discours adroits pour envoyer à de plus forts les ennemis qui les attaquent.

FABLE 12.

ΚΥΩΝ ΚΑΙ ΑΛΕΚΤΡΥΩΝ ΚΑΙ ΑΛΩΠΗΞ.	LE CHIEN ET LE COQ ET LE RENARD.
Κύων καὶ Ἀλεκτρυών, ποιησάμενοι ἑταιρείαν, ὥδευον.	Un Chien et un Coq ayant fait société, voyageaient.
Ἑσπέρας δὲ καταλαβούσης, ὁ Ἀλεκτρυὼν μὲν ἐκάθευδεν ἐπὶ δένδρου ἀναβὰς, ὁ Κύων δὲ πρὸς τῇ ῥίζῃ τοῦ δένδρου ἔχοντος κοίλωμα.	Or le soir étant survenu, le Coq d'un côté dormait sur un arbre y étant monté, le Chien d'autre côté à la racine de l'arbre ayant un creux.
Τοῦ Ἀλεκτρυόνος δὲ φωνήσαντος νύκτωρ κατὰ τὸ εἰωθὸς, Ἀλώπηξ ἀκούσασα ἔδραμε πρὸς αὐτὸν, καὶ στᾶσα κάτωθεν, ἠξίου κατελθεῖν πρὸς ἑαυτήν· ἐπιθυμεῖν γὰρ ἀσπάσασθαι ζῶον ἔχον φωνὴν οὕτως ἀγαθήν.	Mais le Coq ayant chanté la-nuit selon la coutume, un Renard l'ayant entendu courut vers lui, et se tenant en bas, il le priait de descendre vers lui-même; car lui désirer embrasser un animal ayant une voix si bonne.
Τοῦ δὲ εἰπόντος διυπνίσαι πρότερον τὸν θυρωρὸν καθεύδοντα ὑπὸ τὴν ῥίζαν, ὡς κατελθεῖν, ἐκείνου ἀνοίξαντος, καὶ ἐκείνης ζητούσης φωνῆσαι αὐτόν, ὁ Κύων, πηδήσας αἴφνης, διεσπάραξεν αὐτήν.	Celui-ci lui ayant dit d'éveiller auparavant le portier dormant sous la racine, afin de descendre, celui-ci ayant ouvert, et celui-là cherchant à appeler lui, le Chien, s'étant élancé subitement déchira lui.
Ἐπιμύθιον.	Morale.
Ὁ μῦθος δηλοῖ ὅτι οἱ φρόνιμοι τῶν ἀνθρώπων πέμπουσι παραλογιζόμενοι τοὺς ἐχθροὺς ἐπελθόντας πρὸς ἰσχυροτέρους.	La fable montre que les prudents des hommes envoient en trompant les ennemis venant-sur eux vers de plus forts.

ΜΥΘΟΣ ΙΓ'.

ΛΕΩΝ ΚΑΙ ΟΝΟΣ ΚΑΙ ΑΛΩΠΗΞ.

Λέων, καὶ Ὄνος, καὶ Ἀλώπηξ, κοινωνίαν ποιησάμενοι, ἐξῆλθον πρὸς ἄγραν. Πολλῆς οὖν θήρας συλληφθείσης, προσέταξεν ὁ Λέων τῷ Ὄνῳ διελεῖν αὐτοῖς. Ὁ δὲ, τρεῖς μερίδας ποιησάμενος ἐκ τῶν ἴσων, ἐκλέξασθαι τούτους προὐτρέπετο. Καὶ ὁ Λέων θυμωθεὶς τὸν Ὄνον κατέφαγεν. Εἶτα τῇ Ἀλώπεκι μερίζειν ἐκέλευσεν. Ἡ δ', εἰς μίαν μερίδα πάντα σωρεύσασα, ἑαυτῇ βραχύ τι κατέλιπε. Καὶ ὁ Λέων πρὸς αὐτήν· « Τίς σε, ὦ βελτίστη, διαιρεῖν οὕτως ἐδίδαξεν; » Ἡ δ' εἶπεν· « Ἡ τοῦ Ὄνου συμφορά. »

Ἐπιμύθιον. Ὁ μῦθος δηλοῖ ὅτι σωφρονισμοὶ γίνονται τοῖς ἀνθρώποις τὰ τῶν πέλας δυστυχήματα.

FABLE XIII.

LE LION, L'ANE ET LE RENARD.

Un Lion, un Ane et un Renard, s'étant associés, sortirent pour chasser. Lorsqu'ils eurent pris force gibier, le Lion donna l'ordre à l'Ane de le leur partager. Celui-ci donc, ayant fait trois parts égales, les engageait à choisir ; mais le Lion irrité le dévora. Ensuite il ordonna au Renard de faire les parts. Ce dernier, ayant réuni tout en une seule, ne laissa pour lui que très-peu de chose. Le Lion lui dit alors : « Et qui donc, mon cher, t'a appris à partager ainsi ? » L'autre lui répondit : « L'accident arrivé à l'Ane. »

Morale. Cette fable montre que les malheurs de leurs voisins sont pour les hommes des leçons de sagesse.

FABLE 13.

ΛΕΩΝ ΚΑΙ ΟΝΟΣ ΚΑΙ ΑΛΩΠΗΞ.	LE LION ET L'ANE ET LE RENARD.
Λέων, καὶ Ὄνος, καὶ Ἀλώπηξ,	Un Lion et un Ane et un Renard,
ποιησάμενοι κοινωνίαν,	ayant fait communauté,
ἐξῆλθον πρὸς ἄγραν.	sortirent pour une chasse.
Θήρας οὖν πολλῆς συλληφθείσης,	Donc un gibier nombreux ayant été réuni,
ὁ Λέων προσέταξε τῷ Ὄνῳ διελεῖν αὐτοῖς.	le Lion ordonna à l'Ane de *le* partager à eux.
Ὁ δὲ ποιησάμενος τρεῖς μερίδας ἐκ τῶν ἴσων, προὔτρέπετο τούτους ἐκλέξασθαι.	Or celui-ci ayant fait trois parts selon les *droits* égaux, engageait eux à choisir.
Ὁ δὲ Λέων θυμωθεὶς κατέφαγε τὸν Ὄνον.	Et le Lion ayant été irrité devora l'Ane.
Εἶτα ἐκέλευσε τῇ Ἀλώπεκι μερίζειν.	Ensuite il ordonna au Renard de partager.
Ἡ δὲ σωρεύσασα πάντα εἰς μίαν μερίδα, κατέλιπεν ἑαυτῇ τι βραχύ.	Mais celui-ci ayant amoncelé tout en une seule part, laissa pour lui-même quelque-chose *de*-petit.
Καὶ ὁ Λέων πρὸς αὐτήν·	Et le Lion *dit* à lui :
« Ὦ βελτίστη, τίς ἐδίδαξέ σε διαιρεῖν οὕτως; »	« O très-bon, qui a enseigné à toi à partager ainsi ? »
Ἡ δὲ εἶπεν·	Et celui-là dit :
« Ἡ συμφορὰ τοῦ Ὄνου. »	« Le malheur de l'Ane. »

Ἐπιμύθιον.

Morale.

| Ὁ μῦθος δηλοῖ ὅτι τὰ δυστυχήματα τῶν πέλας γίνονται τοῖς ἀνθρώποις σωφρονισμοί. | La fable montre que les infortunes de ceux *étant* près deviennent pour les hommes des leçons-de-sagesse. |

ΜΥΘΟΣ ΙΔ.

ΚΥΝΟΔΗΚΤΟΣ.

Δηχθείς τις ὑπὸ Κυνὸς, τὸν ἰασόμενον περιῄει ζητῶν. Ἐντυχών δέ τις αὐτῷ, καὶ γνοὺς, ὃ ζητεῖ· « Ὦ οὗτος, εἶπεν, εἰ σώζεσθαι βούλει, λαβὼν ἄρτον, καὶ τούτῳ τὸ αἷμα τῆς πληγῆς ἐκμάξας, τῷ δακόντι κυνὶ φαγεῖν ἐπίδος. » Κἀκεῖνος, γελάσας, ἔφη· « Ἀλλ᾽ εἰ τοῦτο ποιήσω, δεήσει με ὑπὸ πάντων τῶν ἐν τῇ πόλει κυνῶν δηχθῆναι. »

Ἐπιμύθιον. Ὁ μῦθος δηλοῖ ὅτι καὶ τῶν ἀνθρώπων οἱ **πονηροὶ**, εὐεργετούμενοι, μᾶλλον ἀδικεῖν παροξύνονται.

FABLE XIV.

L'HOMME MORDU PAR UN CHIEN.

Un Homme, qui avait été mordu par un chien, courait partout cherchant qui pourrait le guérir. Quelqu'un l'ayant rencontré et ayant été instruit de ce qu'il cherchait : « Mon cher, lui dit-il, si tu veux te guérir, prends du pain, et avec ce pain essuie le sang de ta plaie, puis donne-le à manger au chien qui t'a mordu. » L'autre s'étant mis à rire lui répondit : « Mais si je fais cela, il me faudra être mordu par tout ce qu'il y a de chiens dans la ville. »

Morale. Cette fable montre que combler les méchants de bienfaits, c'est les exciter davantage à nuire.

ΜΥΘΟΣ ΙΕ΄.

ΚΩΝΩΨ ΚΑΙ ΛΕΩΝ.

Κώνωψ, πρὸς Λέοντα ἐλθὼν, εἶπεν· « Οὐδὲ φοβοῦμαί σε, οὐδὲ δυνατώτερός μου εἶ· εἰ δὲ μὴ, τίς σοι ἐστὶν ἡ δύναμις, ὅτι

FABLE XV.

LE MOUCHERON ET LE LION.

Un Moucheron, s'étant approché d'un Lion, lui dit : « Je ne te crains pas, et tu n'es pas plus fort que moi ; si cela n'est pas, quelle

FABLE 14.

ΚΥΝΟΔΗΚΤΟΣ. — L'HOMME-MORDU-PAR-UN-CHIEN.

Τὶς δηχθεὶς	Quelqu'un ayant été mordu
ὑπὸ κυνὸς,	par un chien
περιῄει ζητῶν	allait-çà-et-là cherchant
τὸν ἰασόμενον.	celui devant *le* guérir.
Τὶς δὲ ἐντυχὼν αὐτῷ,	Or quelqu'un ayant rencontré lui,
καὶ γνοὺς ὃ ζητεῖ·	et ayant connu ce-que il cherche :
« Ὦ οὗτος, εἶπεν,	« O *toi* celui-ci, dit-il,
εἰ βούλει σώζεσθαι,	si tu veux être sauvé,
λαβὼν ἄρτον,	ayant pris du pain,
καὶ ἐκμάξας τούτῳ	et ayant essuyé avec lui
τὸ αἷμα τῆς πληγῆς,	le sang de la plaie,
ἐπίδος φαγεῖν	donne-*le* à manger
τῷ κυνὶ δακόντι. »	au chien ayant mordu. »
Καὶ ἐκεῖνος, γελάσας, ἔφη·	Et celui-là ayant ri, dit :
« Ἀλλὰ εἰ ποιήσω τοῦτο,	« Mais si je ferai cela,
δεήσει με δηχθῆναι	il faudra moi être mordu
ὑπὸ πάντων τῶν κυνῶν	par tous les chiens
ἐν τῇ πόλει. »	dans la ville. »
Ἐπιμύθιον.	*Morale.*
Ὁ μῦθος δηλοῖ ὅτι	La fable montre que
οἱ πονηροὶ τῶν ἀνθρώπων,	les méchants des hommes,
καὶ εὐεργετούμενοι,	même comblés-de-bienfaits,
παροξύνονται	sont excités
μᾶλλον ἀδικεῖν.	davantage à nuire.

FABLE 15.

ΚΩΝΩΨ ΚΑΙ ΛΕΩΝ. — LE MOUCHERON ET LE LION.

Ἐλθὼν πρὸς Λέοντα,	Étant venu vers un Lion,
Κώνωψ εἶπεν·	un Moucheron dit :
« Οὐδὲ φοβοῦμαί σε,	« Je ne crains pas toi,
οὐδὲ εἰ δυνατώτερός μου·	et tu n'es pas plus fort *que* moi ;
εἰ δὲ μὴ,	mais si *cela* n'*est* pas,
τίς ἐστιν ἡ δύναμίς σοι ;	quelle est la force à toi ?

ξύεις τοῖς ὄνυξι, καὶ δάκνεις τοῖς ὀδοῦσι; Τοῦτο γὰ ὶ γυνὴ τῷ ἀνδρὶ μαχομένη ποιεῖ. Ἐγὼ δὲ λίαν ὑπάρχω σου ἰσχυρότερος. Εἰ δὲ θέλεις, ἔλθωμεν καὶ εἰς πόλεμον. » Καὶ σαλπίσας ὁ Κώνωψ ἐνεπήγετο, δάκνων τὰ περὶ τὰς ῥῖνας αὐτοῦ ἄτριχα πρόσωπα. Ὁ δὲ Λέων τοῖς ἰδίοις ὄνυξι κατέλυεν ἑαυτόν, ἕως οὗ ἠγανάκτησεν. Ὁ Κώνωψ δὲ, νικήσας τὸν Λέοντα, καὶ σαλπίσας, καὶ ἐπινίκιον ᾄσας, ἔπτατο. Ἀράχνης δὲ δεσμῷ ἐμπλακεὶς, ἐσθιόμενος ἀπωδύρετο, ὅτι μεγίστοις πολεμῶν, ὑπὸ εὐτελοῦς ζώου, τῆς Ἀράχνης, ἀπώλετο.

Ἐπιμύθιον. Ὁ μῦθος πρὸς τοὺς **καταβάλλοντας** μεγάλους, καὶ ὑπὸ μικρῶν καταβαλλομένους.

est donc ta force ? Est-ce parce que tu déchires avec tes griffes, que tu mords avec tes dents ? une femme qui se bat avec son mari en fait autant. Mais moi, je suis infiniment plus fort que toi, et si tu veux, venons-en à un combat. » Le Moucheron aussitôt, ayant sonné la charge, s'attacha à lui, le mordant au nez, à l'endroit où le mufle est sans poils. Le Lion se déchirait lui-même de ses propres griffes, jusqu'à ce qu'il n'en put plus de douleur. Le Moucheron, vainqueur du lion, sonna de la trompette, entonna un chant de victoire, et s'envola. Mais s'étant embarrassé dans une toile d'araignée, qui se mit à le dévorer, il se lamentait de ce qu'après avoir combattu de très-grands animaux, il périssait par un animal aussi vil que l'araignée.

Morale. Cette fable s'adresse à ceux qui terrassent de grands ennemis et sont terrassés à leur tour par de petits.

FABLE 15.

ὅτι ξύεις τοῖς ὄνυξι,	parce que tu racles avec les ongles,
καὶ δάκνεις τοῖς ὀδοῦσι;	et *que* tu mords avec les dents?
γυνὴ μαχομένη	une femme combattant
τῷ ἀνδρὶ	avec l'homme *d'elle*
ποιεῖ καὶ τοῦτο.	fait aussi cela.
Ἐγὼ δὲ ὑπάρχω λίαν	Mais moi je suis excessivement
ἰσχυρότερός σου.	plus fort *que* toi.
Εἰ δὲ θέλεις,	Et si tu veux,
ἔλθωμεν καὶ εἰς πόλεμον. »	venons en même au combat. »
Καὶ ὁ Κώνωψ	Et le Moucheron
σαλπίσας	ayant sonné-de-la-trompette
ἐνεπήγετο δάκνων	s'attacha mordant
τὰ πρόσωπα ἄτριχα	les parties-du-visage sans-poils
περὶ τὰς ῥῖνας αὐτοῦ.	autour des narines de lui.
Ὁ δὲ Λέων κατέλυεν ἑαυτὸν	Et le Lion déchirait lui-même
τοῖς ἰδίοις ὄνυξιν,	avec les propres ongles *de lui*,
ἕως οὗ ἠγανάκτησεν.	jusqu'à ce qu'il s'indigna.
Ὁ Κώνωψ δὲ,	Mais le Moucheron,
νικήσας τὸν Λέοντα,	ayant vaincu le Lion,
καὶ σαλπίσας,	et ayant sonné-de-la-trompette,
καὶ ᾄσας ἐπινίκιον,	et ayant chanté le chant-de-victoire,
ἔπτατο	s'envola.
Ἐμπλακεὶς δὲ	Et ayant été embarrassé
δεσμῷ ἀράχνης,	*dans* un lien d'araignée,
ἐσθιόμενος ἀπωδύρετο,	étant dévoré il se lamentait,
ὅτι, πολεμῶν	de ce que combattant
μεγίστοις,	*avec* de très-grands *animaux*,
ἀπώλετο	il périssait
ὑπὸ ζώου εὐτελοῦς,	sous un animal vil,
τῆς ἀράχνης.	*sous* l'araignée.
Ἐπιμύθιον.	*Morale.*
Ὁ μῦθος πρὸς τοὺς	La fable *s'adresse* à ceux
καταβάλλοντας μεγάλους,	renversant des grands,
καὶ καταβαλλομένους	et étant renversés
ὑπὸ μικρῶν.	par des petits.

ΜΥΘΟΣ ΙϚ'.

ΚΥΩΝ ΚΑΙ ΛΥΚΟΣ.

Κύων πρὸ ἐπαυλεώς τινος ἐκάθευδε. Λύκου δ' ἐπιδραμόντος, καὶ βρῶμα μέλλοντος θύσειν αὐτὸν, ἐδεῖτο, μὴ νῦν αὐτὸν καταθῦσαι. « Νῦν μὲν γὰρ, φησὶ, λεπτός εἰμι, καὶ ἰσχνός· ἂν δὲ μικρὸν ἀναμείνῃς, μέλλουσιν οἱ ἐμοὶ δεσπόται ποιήσειν γάμους, κἀγὼ τηνικαῦτα, πολλὰ φαγὼν, πιμελέστερος ἔσομαι, καὶ σοὶ ἡδύτερον βρῶμα γενήσομαι. » Ὁ μὲν οὖν Λύκος πεισθεὶς, ἀπῆλθε. Μεθ' ἡμέρας δ' ἐπανελθὼν εὗρεν ἄνω ἐπὶ τοῦ δώματος τὸν Κύνα καθεύδοντα, καὶ στὰς κάτωθεν πρὸς ἑαυτὸν ἐκάλει, ὑπομιμνήσκων αὐτὸν τῶν συνθηκῶν. Καὶ ὁ Κύων· « Ἀλλ', ὦ Λύκε, εἰ τὸ ἀπὸ τοῦδε πρὸ τῆς ἐπαυλεώς με ἴδοις καθεύδοντα, μηκέτι γάμους ἀναμείνῃς. »

FABLE XVI.

LE CHIEN ET LE LOUP.

Un Chien dormait devant une ferme. Un Loup s'étant jeté sur lui et se mettant en disposition d'en faire curée, il le suppliait de l'épargner pour le moment. « Maintenant, lui dit-il, je suis grêle et maigre ; mais si tu veux attendre un peu, mes maitres doivent faire des noces, je mangerai alors beaucoup, je deviendrai plus gras, et je serai pour toi un mets plus agréable. » Le Loup, s'étant donc laissé persuader, s'en alla. Étant revenu quelque temps après, il trouva le Chien dormant sur le toit de la maison ; alors d'en bas il se mit à l'appeler à lui, le faisant ressouvenir de leurs conventions. Le Chien lui dit : « Compère Loup, si à partir d'aujourd'hui tu me vois dormant devant la ferme, n'attends plus de noces.

FABLE 16.

ΚΥΩΝ ΚΑΙ ΛΥΚΟΣ.	LE CHIEN ET LE LOUP.
Κύων ἐκάθευδε	Un Chien dormait
πρό τινος ἐπαύλεως.	devant une certaine ferme.
Λύκου δὲ ἐπιδραμόντος	Or un Loup ayant couru-sur *lui*
καὶ μέλλοντος	et étant-sur-le-point
θύσειν	de devoir immoler
αὐτὸν βρῶμα,	lui *comme* nourriture,
ἐδεῖτο	il *le* priait
μὴ καταθῦσαι	de ne pas immoler
αὐτὸν νῦν.	lui maintenant.
« Νῦν μὲν γὰρ,	« Car à la vérité maintenant,
φησὶν,	dit-il,
εἰμὶ λεπτὸς καὶ ἰσχνός·	je suis grêle et maigre ;
ἂν δὲ ἀναμείνῃς μικρὸν,	mais si tu auras attendu un peu,
οἱ ἐμοὶ δεσπόται μέλλουσι	mes maîtres sont-sur-le-point
ποιήσειν γάμους,	de devoir faire des noces,
καὶ ἐγὼ τηνικαῦτα,	et moi alors,
φαγὼν πολλὰ,	ayant mangé beaucoup,
ἔσομαι πιμελέστερος,	je serai plus gras,
καὶ γενήσομαί σοι	et je deviendrai pour toi
βρῶμα ἡδύτερον. »	une nourriture plus agréable. »
Ὁ μὲν οὖν Λύκος	Donc à la vérité le Loup
πεισθεὶς, ἀπῆλθε.	ayant été persuadé, s'en alla.
Μετὰ ἡμέρας δὲ	Mais après des jours
ἐπανελθὼν εὗρε	étant revenu il trouva
τὸν Κύνα καθεύδοντα	le Chien dormant
ἄνω ἐπὶ τοῦ δώματος,	en haut sur le toit,
καὶ στὰς κάτωθεν	et se tenant d'en bas
ἐκάλει πρὸς ἑαυτὸν,	il *l*'appelait vers lui-même,
ὑπομιμνήσκων αὐτὸν	faisant-ressouvenir lui
τῶν συνθηκῶν.	des conventions *d'eux*.
Καὶ ὁ Κύων·	Et le Chien *dit* :
« Ἀλλὰ, ὦ Λύκε,	« Mais, ô Loup,
εἰ τὸ ἀπὸ τοῦδε	si à partir de ce-moment
ἴδοις με καθεύδοντα	tu vois moi dormant
πρὸ τῆς ἐπαύλεως,	devant la ferme,
μηκέτι ἀναμείνῃς γάμους. »	n'attends plus de noces. »

ΜΥΘΟΣ ΙΖ'.

Ἐπιμύθιον. Ὁ μῦθος δηλοῖ ὅτι οἱ φρόνιμοι τῶν ἀνθρώπων, ὅταν περί τι κινδυνεύσαντες σωθῶσι, διὰ βίου τοῦτο φυλάττονται.

Morale. Cette fable montre que les hommes prudents, quand ils ont échappé à un danger qu'ils ont couru, s'en préservent toute la vie.

ΜΥΘΟΣ ΙΖ'.

ΟΝΟΣ ΚΑΙ ΚΗΠΩΡΟΣ.

Ὄνος, ὑπηρετούμενος Κηπωρῷ, ἐπειδὴ ὀλίγα μὲν ἤσθιε, πλεῖστα δ' ἐμόχθει, ηὔξατο τῷ Διΐ, ὥστε τοῦ Κηπωροῦ ἀπαλλαγεὶς ἑτέρῳ ἀπεμπωληθῆναι δεσπότῃ. Τοῦ δὲ Διὸς ἐπακούσαντος, καὶ κελεύσαντος αὐτὸν κεραμεῖ πραθῆναι, πάλιν ἐδυσφόρει, πλέον, ἢ πρότερον, ἀχθοφορῶν, καὶ τόν τε πηλὸν καὶ τοὺς κεράμους κομίζων. Πάλιν οὖν ἀμεῖψαι τὸν δεσπότην ἱκέτευε, καὶ βυρσοδέψῃ ἀπεμπωλεῖται. Εἰς χείρονα τοίνυν τῶν προτέρων δεσπότην ἐμπεσών, καὶ ὁρῶν τὰ παρ' αὐτοῦ πραττόμενα, μετὰ στεναγμῶν ἔφη· « Οἴμοι τῷ ταλαιπώρῳ! βέλτιον ἦν μοι παρὰ

FABLE XVII.

L'ANE ET LE JARDINIER.

Un Ane, au service d'un Jardinier, mangeant peu et travaillant beaucoup, pria Jupiter de faire qu'il fût délivré et vendu à un autre maître. Jupiter l'ayant exaucé et ayant ordonné qu'il fût vendu à un potier, il souffrait encore plus qu'auparavant, portant des fardeaux, et voiturant l'argile et les poteries. Il demande donc de nouveau à changer de maître; et il est revendu à un corroyeur. Étant tombé à un maître pire que les précédents, et voyant ce qui s'y passait, il dit en soupirant : « Malheureux que je suis! il valait bien mieux rester chez mes

Ἐπιμύθιον.   *Morale.*

Ὁ μῦθος δηλοῖ ὅτι   La fable montre que
οἱ φρόνιμοι τῶν ἀνθρώπων,   les prudents des hommes,
ὅταν κινδυνεύσαντες   lorsque ayant été-en-danger
περί τι   au sujet de quelque-chose
σωθῶσι,   ils ont été sauvés,
φυλάττονται τοῦτο   se préservent de cela
διὰ βίου.   pendant la vie.

FABLE 17.

ΟΝΟΣ ΚΑΙ ΚΗΠΩΡΟΣ.   L'ANE ET LE JARDINIER.

Ὄνος ὑπηρετούμενος Κηπωρῷ,   Un Ane servant un Jardinier,
ἐπειδὴ μὲν ἤσθιεν ὀλίγα,   vu que d'un côté il mangeait peu,
ἐμόχθει δὲ   *que* de l'autre il travaillait
πλεῖστα,   le plus-possible,
ηὔξατο τῷ Διί, ὥστε   pria Jupiter, afin de
ἀπαλλαγεὶς τοῦ Κηπωροῦ   ayant été délivré du Jardinier
ἀπεμπωληθῆναι   être vendu
ἑτέρῳ δεσπότῃ.   à un autre maître.
Τοῦ δὲ Διὸς ἐπακούσαντος,   Or Jupiter *l'*ayant exaucé,
καὶ κελεύσαντος αὐτὸν   et ayant ordonné lui
πραθῆναι κεραμεῖ,   être vendu à un potier,
ἐδυσφόρει πάλιν   il souffrait de nouveau
πλέον, ἢ πρότερον,   plus qu'antérieurement,
ἀχθοφορῶν,   portant-des-fardeaux,
καὶ κομίζων   et transportant
τόν τε πηλὸν καὶ τοὺς κεράμους. et l'argile et les poteries.
Ἱκέτευεν οὖν πάλιν   Il demandait donc de nouveau
ἀμεῖψαι τὸν δεσπότην,   à échanger le maître *de lui*,
καὶ ἀπεμπωλεῖται βυρσοδέψῃ.   et il est vendu à un corroyeur.
Ἐμπεσὼν τοίνυν   Donc étant tombé
εἰς δεσπότην χείρονα   dans un maître pire
τῶν προτέρων,   *que* les premiers,
καὶ ὁρῶν τὰ πραττόμενα   et voyant les choses qui-se-faisaient
παρὰ αὐτοῦ,   de la part de lui,
ἔφη μετὰ στεναγμῶν·   il dit avec des soupirs :
« Οἴμοι τῷ ταλαιπώρῳ !   « Hélas à moi le malheureux !

ΜΥΘΟΣ ΙΗ'.

τοῖς προτέροις δεσπόταις μένειν· οὗτος γὰρ, ὡς ὁρῶ, καὶ τὸ δέρμα μου κατεργάσεται. »

Ἐπιμύθιον. Ὁ μῦθος δηλοῖ ὅτι τότε μάλιστα τοὺς προτέρους δεσπότας οἱ οἰκέται ποθοῦσιν, ὅταν τῶν δευτέρων λάβωσι πεῖραν.

premiers maîtres; car celui-ci, à ce que je vois, finira par travailler aussi ma peau. »

Morale. Cette fable montre que les domestiques regrettent leurs premiers maîtres, alors surtout qu'ils ont fait essai des seconds.

ΜΥΘΟΣ ΙΗ'.

ΦΙΛΑΡΓΥΡΟΣ.

Φιλάργυρός τις, ἅπασαν αὐτοῦ τὴν οὐσίαν ἐξαργυρισάμενος, καὶ χρυσοῦν βῶλον ποιήσας, ἔν τινι τόπῳ κατώρυξε, συγκατορύξας ἐκεῖ καὶ τὴν ψυχὴν ἑαυτοῦ καὶ τὸν νοῦν· καὶ καθ' ἡμέραν ἐρχόμενος, αὐτὸν ἔβλεπε. Τῶν δὲ ἐργατῶν τις αὐτὸ παρατηρήσας, καὶ τὸ γεγονὸς συννοήσας, ἀνορύξας τὸν βῶλον ἀνείλετο. Μετὰ δὲ ταῦτα κἀκεῖνος ἐλθὼν, καὶ κενὸν τὸν τόπον ἰδὼν, θρηνεῖν ἤρξατο, καὶ τίλλειν τὰς τρίχας. Τοῦτον δέ τις ὀλοφυρόμενον οὕτως ἰδὼν, καὶ τὴν αἰτίαν πυθόμενος, « Μὴ οὕτως, εἶπεν,

FABLE XVIII.

L'AVARE.

Un Avare, ayant converti en argent tout son bien, et en ayant fait une masse d'or, l'enfouit dans un certain endroit, où il enfouit en même temps son esprit et son cœur; et chaque jour il venait le contempler. Mais un ouvrier, l'ayant épié et ayant soupçonné le fait, déterra la masse d'argent et l'enleva. Après quoi l'Avare étant venu et ayant trouvé la place vide, il se mit à pleurer et à s'arracher les cheveux. Quelqu'un, qui le vit alors se désoler ainsi, en ayant appris le motif: « Mon ami, lui dit-il, ne te désespère pas ainsi; car tu avais de

FABLE 18.

μένειν παρὰ τοῖς προτέροις δεσπό-	rester près des premiers maîtres
ἦν βελτιόν μοι· [ταις	était meilleur pour moi ;
οὗτος γὰρ, ὡς ὁρῶ,	car celui-ci, comme je vois,
κατεργάσεται καὶ	travaillera aussi
τὸ δέρμα μου. »	la peau de moi. »
Ἐπιμύθιον.	*Morale.*
Ὁ μῦθος δηλοῖ ὅτι	La fable montre que
οἱ οἰκέται ποθοῦσι	les serviteurs regrettent
τοὺς προτέρους δεσπότας	les premiers maîtres *d'eux*
τότε μάλιστα ὅταν	alors surtout lorsque
λάβωσι πεῖραν τῶν δευτέρων.	ils ont pris essai des seconds.

FABLE 18.

ΦΙΛΑΡΓΥΡΟΣ.   L'AVARE.

Φιλάργυρός τις	Un certain Avare
ἐξαργυρισάμενος	ayant converti-en-argent
ἅπασαν τὴν οὐσίαν αὐτοῦ,	tout le bien de lui-même,
καὶ ποιήσας βῶλον χρυσοῦν,	et ayant fait une masse d'or,
κατώρυξεν ἔν τινι τόπῳ,	l'enfouit dans un certain lieu,
συγκατορύξας ἐκεῖ καὶ	ayant enfoui-avec là aussi
τὴν ψυχὴν καὶ τὸν νοῦν ἑαυτοῦ·	l'âme et l'esprit de lui-même ;
καὶ ἐρχόμενος κατὰ ἡμέραν,	et venant chaque-jour,
ἔβλεπεν αὐτόν.	il considérait lui.
Τὶς δὲ τῶν ἐργατῶν	Mais un des ouvriers
παρατηρήσας αὐτὸν,	ayant observé-en-secret lui,
καὶ συννοήσας τὸ γεγονὸς,	et ayant compris le fait,
ἀνορύξας τὸν βῶλον	ayant déterré la masse
ἀνείλετο.	l'enleva.
Μετὰ δὲ ταῦτα	Or après ces-choses
καὶ ἐκεῖνος ἐλθὼν,	celui-là aussi étant venu,
καὶ ἰδὼν τὸν τόπον κενὸν,	et ayant vu le lieu vide,
ἤρξατο θρηνεῖν,	commença à se lamenter,
καὶ τίλλειν τὰς τρίχας.	et à arracher les cheveux *de lui.*
Τὶς δὲ ἰδὼν	Alors quelqu'un ayant vu
αὐτὸν ὀλοφυρόμενον οὕτω,	lui se désolant ainsi,
καὶ πυθόμενος τὴν αἰτίαν,	et ayant appris la cause :
« Ὦ οὗτος, εἶπε,	« O *toi* celui-ci, dit-il,
μὴ ἀθύμει οὕτως·	ne te décourage pas ainsi ;

ὦ οὗτος, ἀθύμει· οὐδὲ γὰρ, ἔχων τὸν χρυσὸν, εἶχες. Λίθον οὖν ἀντὶ χρυσοῦ λαβὼν θὲς, καὶ νόμιζέ σοι τὸν χρυσὸν εἶναι· τὴν αὐτὴν γάρ σοι πληρώσει χρείαν· ὡς ὁρῶ γὰρ, οὐδ', ὅτε ὁ χρυσὸς ἦν, ἐν χρήσει ἦσθα τοῦ κτήματος. »

Ἐπιμύθιον. Ὁ μῦθος δηλοῖ ὅτι οὐδὲν ἡ κτῆσις, ἐὰν μὴ ἡ χρῆσις προσῇ.

1 or sans en avoir. Prends une pierre, mets-la à la place de cet or, et figure-toi que c'est ton or; elle te fera le même usage. Car, à ce que je vois, quand tu avais de l'or, tu n'en jouissais en rien. »

Morale. Cette fable montre que la possession n'est rien, si l'on n'en sait point faire usage.

ΜΥΘΟΣ ΙΘ'.

ΑΛΩΠΗΞ ΚΑΙ ΤΡΑΓΟΣ.

Ἀλώπηξ καὶ Τράγος διψῶντες εἰς φρέαρ κατέβησαν. Μετὰ δὲ τὸ πιεῖν, τοῦ Τράγου σκεπτομένου τὴν ἄνοδον, ἡ Ἀλώπηξ ἔφη· « Θάρσει, χρήσιμόν τι καὶ εἰς τὴν ἀμφοτέρων σωτηρίαν ἐπινενόηκα. Εἰ γὰρ ὄρθιος σταθεὶς, τοὺς ἐμπροσθίους τῶν ποδῶν τῷ τοίχῳ προσερείσεις, καὶ τὰ κέρατα ὁμοίως εἰς τοὔμπροσθεν κλινεῖς, ἀναδραμοῦσα διὰ τῶν σῶν αὐτὴ νώτων καὶ κεράτων, καὶ ἔξω τοῦ φρέατος ἐκεῖθεν πηδήσασα, καὶ σὲ μετὰ τοῦτο ἀνα-

FABLE XIX.

LE RENARD ET LE BOUC.

Un Renard et un Bouc ayant soif descendirent dans un puits. Après avoir bu, le Bouc cherchant des yeux le moyen de remonter, le Renard lui dit : « Prends courage, j'ai imaginé un expédient utile pour le salut de tous deux. Car si, te dressant sur tes pieds de derrière, tu appuies contre le mur ceux de devant, et que tu inclines tes cornes également en avant, je monterai le long de ton dos et de tes cornes, et de là je m'élancerai hors du puits, ensuite je t'en tirerai toi-même. » Le Bouc s'y étant prêté avec empressement, l'autre s'élança hors du

ἔχων γὰρ τὸν χρυσὸν,	car ayant de l'or,
οὐδὲ εἶχες.	tu n'*en* avais même pas.
Λαβὼν οὖν λίθον	Ayant pris donc une pierre
θὲς ἀντὶ χρυσοῦ,	mets-*la* au lieu d'or,
καὶ νόμιζε εἶναι χρυσόν σοι·	et pense *elle* être l or à toi ;
πληρώσει γάρ σοι	car elle remplira à toi
τὴν αὐτὴν χρείαν·	le même usage ;
ὡς γὰρ ὁρῶ,	car, comme je vois,
ὅτε ὁ χρυσὸς ἦν,	lorsque l'or était *à toi*,
οὐδὲ ἦσθα	tu n'étais pas
ἐν χρήσει τοῦ κτήματος. »	dans la jouissance de *ce* bien. »
Ἐπιμύθιον.	*Morale.*
Ὁ μῦθος δηλοῖ ὅτι	La fable montre que
ἡ κτῆσις οὐδὲν,	la possession n'*est* rien,
ἐὰν ἡ χρῆσις μὴ προσῇ.	si l'usage ne s'*y* joint pas.

FABLE 19.

ΑΛΩΠΗΞ ΚΑΙ ΤΡΑΓΟΣ.	LE RENARD ET LE BOUC
Ἀλώπηξ καὶ Τράγος	Un Renard et un Bouc
διψῶντες	ayant-soif
κατέβησαν εἰς φρέαρ.	descendirent dans un puits.
Μετὰ δὲ τὸ πιεῖν,	Or après le avoir bu,
τοῦ Τράγου σκεπτομένου	le Bouc cherchant-des-yeux
τὴν ἄνοδον,	le chemin-d'en-haut,
ἡ Ἀλώπηξ ἔφη·	le Renard dit :
« Θάρσει,	« Aie-confiance,
ἐπινενόηκά τι χρήσιμον	j'ai imaginé une-chose utile
καὶ εἰς τὴν σωτηρίαν ἀμφοτέρων.	même pour le salut de tous-deux
Εἰ γὰρ σταθεὶς ὄρθιος,	Car si t'étant placé droit,
προσερείσεις τῷ τοίχῳ	tu appuieras-contre le mur
τοὺς ἐμπροσθίους τῶν ποδῶν,	ceux de-devant des pieds *de toi*,
καὶ κλινεῖς τὰ κέρατα	et *si* tu inclineras les cornes
ὁμοίως εἰς τὸ ἔμπροσθεν,	semblablement sur le devant,
ἀναδραμοῦσα αὐτὴ	ayant couru-en-haut moi-même
διὰ τῶν σῶν νώτων καὶ κεράτων,	à travers ton dos et *tes* cornes,
καὶ πηδήσασα ἐκεῖθεν	et m'étant élancé de là
ἔξω τοῦ φρέατος,	hors du puits,

ESOPE.

σπάσω ἐντεῦθεν. » Τοῦ δὲ Τράγου πρὸς τοῦτο ἑτοίμως ὑπηρετησαμένου, ἐκείνη τοῦ φρέατος οὕτως ἐκπηδήσασα ἐσκίρτα περὶ τὸ στόμιον ἡδομένη. Ὁ δὲ Τράγος αὐτὴν ἐμέμφετο, ὡς παραβαίνουσαν τὰς συνθήκας. Ἡ δὲ, « Ἀλλ' εἰ τοσαύτας, εἶπε, φρένας ἐκέκτησο, ὁπόσας ἐν τῷ πώγωνι τρίχας, οὐ πρότερον ἂν κατέβης, πρὶν ἢ τὴν ἄνοδον σκέψασθαι. »

Ἐπιμύθιον. Ὁ μῦθος δηλοῖ ὅτι οὕτω καὶ τὸν φρόνιμον ἄνδρα δεῖ πρότερον τὰ τέλη σκοποῦντα τῶν πραγμάτων, εἶθ' οὕτως αὐτοῖς ἐγχειρεῖν.

puits par ce moyen, et sautait de joie autour de l'ouverture. Le Bouc cependant lui reprochait d'être infidèle aux conventions faites. Alors le renard lui dit : « Si tu avais autant de bon sens que de poils dans ta barbe, tu ne serais pas descendu avant d'avoir examiné s'il y avait moyen de remonter. »

Morale. Cette fable montre que de la même manière, il faut que l'homme prudent considère d'abord la fin des choses et n'entreprenne qu'après.

ΜΥΘΟΣ Κ'.

ΑΙΛΟΥΡΟΣ ΚΑΙ ΜΥΕΣ.

Ἐν οἰκίᾳ τινὶ πολλῶν Μυῶν ὄντων, Αἴλουρος τοῦτο γνοὺς, ἧκεν ἐνταῦθα, καὶ καθ' ἕκαστον αὐτῶν συλλαμβάνων κατήσθιεν. Οἱ δὲ, καθ' ἑκάστην ἑαυτοὺς ἀναλισκομένους ὁρῶντες, ἔφασαν

FABLE XX.

LE CHAT ET LES RATS.

Il y avait beaucoup de Rats dans une maison ; un Chat qui le sut, y vint, et les saisissant les uns après les autres il les dévorait. Ceux-ci, voyant diminuer leur nombre de jour en jour, se dirent les uns aux

FABLE 20.

μετὰ τοῦτο ἀνασπάσω après cela je tirerai-en-haut
καὶ σὲ ἐντεῦθεν. » toi aussi d'ici. »
Τοῦ δὲ Τράγου ὑπηρετησαμένου Et le Bouc s'étant prêté
πρὸς τοῦτο ἑτοίμως, à cela promptement,
ἐκείνη ἐκπηδήσασα celui-là s'étant élancé-hors
τοῦ φρέατος οὕτως, du puits ainsi,
ἐσκίρτα ἡδομένη sautait se réjouissant
περὶ τὸ στόμιον. autour de l'ouverture.
Ὁ δὲ Τράγος ἐμέμφετο αὐτήν, Mais le Bouc blâmait lui,
ὡς παραβαίνουσαν τὰς συνθήκας. comme transgressant les conventions.
Ἡ δὲ εἶπεν· Alors celui-ci dit :
« Ἀλλὰ εἰ ἐκέκτησο « Mais si tu avais acquis
τοσαύτας φρένας, autant de pensées,
ὁπόσας τρίχας ἐν τῷ πώγωνι, que de poils dans la barbe,
οὐκ ἂν κατέβης πρότερον, tu ne serais pas descendu d'abord
πρὶν ἢ σκέψασθαι avant que d'avoir cherché-des-yeux
τὴν ἄνοδον. » le chemin-d'en-haut. »

Ἐπιμύθιον. *Morale.*

Ὁ μῦθος δηλοῖ ὅτι La fable montre que
οὕτω καὶ δεῖ ainsi aussi il faut
τὸν ἄνδρα φρόνιμον l'homme prudent
σκοποῦντα πρότερον considérant d'abord
τὰ τέλη τῶν πραγμάτων, les fins des choses,
ἐγχειρεῖν εἶτα αὐτοῖς οὕτως. entreprendre ensuite elles ainsi.

FABLE 20.

ΑΙΛΟΥΡΟΣ ΚΑΙ ΜΥΕΣ. LE CHAT ET LES RATS.

Μυῶν πολλῶν ὄντων Des Rats nombreux étant
ἔν τινι οἰκίᾳ, dans une-certaine maison,
Αἴλουρος γνοὺς τοῦτο, un Chat ayant connu cela,
ἧκεν ἐνταῦθα, vint là,
καὶ συλλαμβάνων et saisissant
κατὰ ἕκαστον αὐτῶν, *chacun* après chacun d'eux,
κατήσθιεν. il *les* dévorait.
Οἱ δὲ ὁρῶντες Et ceux-ci voyant
ἑαυτοὺς ἀναλισκομένους eux-mêmes détruits
κατὰ ἑκάστην, par chaque *jour*,

πρὸς ἀλλήλους· « Μηκέτι κάτω κατέλθωμεν, ἵνα μὴ παντάπασιν ἀπολώμεθα· τοῦ γὰρ Αἰλούρου μὴ δυναμένου δεῦρο ἐξικνεῖσθαι, ἡμεῖς σωθησόμεθα. » Ὁ δὲ Αἴλουρος, μηκέτι τῶν Μυῶν κατιόντων, ἔγνω δι' ἐπινοίας αὐτοὺς σοφιζόμενος ἐκκαλέσασθαι. Καὶ δὴ ἀπὸ παττάλου τινὸς ἑαυτὸν ἀναβὰς ἀπῃώρησε, καὶ προσεποιεῖτο νεκρὸς εἶναι. Τῶν δὲ Μυῶν τις παρακύψας, καὶ ἰδὼν αὐτὸν, ἔφη· « Ὦ οὗτος, κἂν θύλαξ γένῃ, οὐ προσελεύσομαί σοι. »

Ἐπιμύθιον. Ὁ μῦθος δηλοῖ ὅτι τῶν ἀνθρώπων οἱ φρόνιμοι, ὅταν τῆς ἐνίων μοχθηρίας πειραθῶσιν, οὐκέτι αὐτῶν ἐξαπατῶνται ταῖς ὑποκρίσεσιν.

autres : « Ne descendons plus, afin de ne pas tous périr ; car le Chat ne pouvant arriver jusqu'ici, nous serons hors de danger. » Les Rats ne descendant plus, le Chat résolut de les attirer en employant contre eux la ruse. Étant donc monté à une cheville, il s'y suspendit et contrefit le mort. Mais un des Rats, ayant mis la tête hors de son trou et l'ayant aperçu, lui dit : « L'ami, quand même tu serais sac, je n'approcherais pas de toi. »

Morale. Cette fable montre que les hommes prudents, lorsqu'ils ont éprouvé la méchanceté de certaines gens, ne se laissent plus tromper par leurs feintes.

ΜΥΘΟΣ ΚΑ'.

ΜΥΡΜΗΞ ΚΑΙ ΠΕΡΙΣΤΕΡΑ.

Μύρμηξ διψήσας, κατελθὼν εἰς πηγὴν, παρασυρεὶς ὑπὸ τοῦ ῥεύματος, ἀπεπνίγετο. Περιστερὰ δὲ, τοῦτο θεασαμένη, κλῶνα

FABLE XXI.

LA FOURMI ET LA COLOMBE.

Une Fourmi qui avait soif, étant descendue à une fontaine, et ayant été entraînée par le courant, allait se noyer. Une Colombe s'en étant

ἔφασαν πρὸς ἀλλήλους· dirent les uns aux autres :
« Μηκέτι κατέλθωμεν κάτω, « Ne descendons plus en bas,
ἵνα μὴ ἀπολώμεθα afin que nous ne périssions pas
παντάπασι· entièrement ;
τοῦ γὰρ Αἰλούρου μὴ δυναμένου car le Chat ne pouvant
ἐξικνεῖσθαι δεῦρο, arriver ici ,
ἡμεῖς σωθησόμεθα. » nous, nous serons sauvés. »
Ὁ δὲ Αἴλουρος, Mais le Chat,
τῶν Μυῶν μηκέτι κατιόντων, les Rats ne descendant plus,
ἔγνω ἐκκαλέσασθαι résolut de *les* appeler
σοφιζόμενος αὐτοὺς διὰ ἐπινοίας. trompant eux par ruse.
Καὶ δὴ ἀναβὰς Et donc étant monté
ἀπηιώρησεν ἑαυτὸν il suspendit lui-même
ἀπό τινος παττάλου, à une certaine cheville,
καὶ προσεποιεῖτο εἶναι νεκρός. et il feignit être mort.
Τὶς δὲ τῶν Μυῶν Mais un des Rats
παρακύψας, ayant regardé-de-côté,
καὶ ἰδὼν αὐτὸν, et ayant vu lui,
ἔφη· dit :
« Ὦ οὗτος, « O *toi* celui-ci ,
καὶ ἐὰν γένῃ θύλαξ, même si tu étais devenu sac,
οὐ προσελεύσομαί σοι. » je n'irai-pas-près-de toi.

Ἐπιμύθιον. *Morale.*

Ὁ μῦθος δηλοῖ ὅτι La fable montre que
οἱ φρόνιμοι τῶν ἀνθρώπων, les prudents des hommes,
ὅταν πειραθῶσι lorsque ils ont fait-essai
τῆς πονηρίας ἐνίων, de la méchanceté de quelques-uns.
οὐκέτι ἐξαπατῶνται ne sont plus trompés
ταῖς ὑποκρίσεσιν αὐτῶν. par les feintes d'eux.

FABLE 21.

ΜΥΡΜΗΞ ΚΑΙ ΠΕΡΙΣΤΕΡΑ. LA FOURMI ET LA COLOMBE.

Μύρμηξ διψήσας, Une Fourmi ayant eu-soif,
κατελθὼν εἰς πηγὴν, étant descendue vers une fontaine,
παρασυρεὶς ὑπὸ τοῦ ῥεύματος, ayant été entraînée par le courant,
ἀπεπνίγετο. était suffoquée.
Περιστερὰ δὲ θεασαμένη τοῦτο, Or une Colombe ayant vu cela,

ΜΥΘΟΣ ΚΒ'.

δένδρου περιελοῦσα, εἰς τὴν πηγὴν ἔρριψεν· ἐφ' οὗ καὶ καθίσας ὁ Μύρμηξ, διεσώθη. Ἰξευτὴς δέ τις μετὰ τοῦτο τοὺς καλάμους συνθεὶς, ἐπὶ τὸ τὴν Περιστερὰν συλλαβεῖν ᾔει. Τοῦτο δ' ὁ Μύρμηξ ἑωρακὼς, τὸν τοῦ ἰξευτοῦ πόδα ἔδακεν. Ὁ δὲ, ἀλγήσας, τούς τε καλάμους ἔρριψε, καὶ τὴν Περιστερὰν αὐτίκα φυγεῖν ἐποίησεν.

Ἐπιμύθιον. Ὁ μῦθος δηλοῖ ὅτι δεῖ τοῖς εὐεργέταις χάριν ἀποδιδόναι.

aperçue, prit une petite branche d'arbre et la jeta dans la fontaine. La Fourmi, s'y étant posée, parvint à se sauver. Bientôt après un oiseleur, qui avait disposé ses gluaux, se préparait à prendre la Colombe. Mais la Fourmi, s'en étant aperçue, mordit le chasseur au pied. Celui-ci, sentant une douleur, jeta ses gluaux, et fit fuir aussitôt la Colombe.

Morale. Cette fable montre qu'il faut être reconnaissant envers ses bienfaiteurs.

ΜΥΘΟΣ ΚΒ'.

ΓΥΝΗ ΚΑΙ ΘΕΡΑΠΑΙΝΑΙ.

Γυνὴ χήρα φίλεργος, Θεραπαινίδας ἔχουσα, ταύτας εἰώθει νυκτὸς ἐγείρειν ἐπὶ τὰ ἔργα, πρὸς τὰς τῶν ἀλεκτρυόνων ᾠδάς. Αἱ δὲ, συνεχῶς τῷ πόνῳ ταλαιπωρούμεναι, ἔγνωσαν δεῖν τὸν

FABLE XXII.

LA FEMME ET LES SERVANTES.

Une Femme veuve, pleine d'activité, avait des Servantes qu'elle avait l'habitude d'éveiller au premier chant du coq pour les faire travailler la **nuit**. Celles-ci, qui se trouvaient malheureuses de ce travail

FABLE 22.

περιελοῦσα κλῶνα δένδρου,	ayant arraché une branche d'arbre,
ἔρριψεν εἰς τὴν πηγήν·	la jeta dans la fontaine ;
ἐπὶ οὗ καὶ	sur laquelle branche alors
ὁ Μύρμηξ καθίσας	la Fourmi s'étant placée
διεσώθη.	fut sauvée.
Μετὰ δὲ τοῦτο	Or après cela
ἰξευτής τις,	un-certain chasseur-à-la-glu,
συνθεὶς	ayant placé-ensemble (disposé)
τοὺς καλάμους,	les baguettes de lui,
ᾔει ἐπὶ τὸ συλλαβεῖν	allait vers le saisir
τὴν Περιστεράν.	la Colombe.
Ὁ δὲ Μύρμηξ	Mais la Fourmi
ἑωρακὼς τοῦτο,	ayant vu cela,
ἔδακε τὸν πόδα	mordit le pied
τοῦ ἰξευτοῦ.	du chasseur-à-la-glu.
Ὁ δὲ ἀλγήσας,	Or lui ayant senti-de-la-douleur,
ἔρριψέ τε τοὺς καλάμους,	et jeta les baguettes de lui,
καὶ ἐποίησεν αὐτίκα	et fit aussitôt
τὴν Περιστερὰν φυγεῖν.	la Colombe s'enfuir.
Ἐπιμύθιον.	Morale.
Ὁ μῦθος δηλοῖ ὅτι	La fable montre que
δεῖ ἀποδιδόναι	il faut rendre
χάριν τοῖς εὐεργέταις.	grâce aux bienfaiteurs.

FABLE 22.

ΓΥΝΗ ΚΑΙ ΘΕΡΑΠΑΙΝΑΙ.   LA FEMME ET LES SERVANTES

Γυνὴ χήρα	Une Femme veuve
φίλεργος,	aimant-le-travail,
ἔχουσα Θεραπαινίδας,	ayant des Servantes,
εἰώθει ἐγείρειν	avait coutume d'éveiller
ταύτας νυκτὸς	elles la-nuit
ἐπὶ τὰ ἔργα,	pour les travaux,
πρὸς τὰς ᾠδὰς τῶν ἀλεκτρυόνων.	aux chants des coqs.
Αἱ δὲ ταλαιπωρούμεναι	Or celles-ci étant-malheureuses
συνεχῶς τῷ πόνῳ,	continuellement par le travail,
ἔγνωσαν δεῖν	décidèrent falloir (qu'il fallait)

ἐπὶ τῆς οἰκίας ἀποκτεῖναι ἀλεκτρυόνα, ὡς ἐκείνου νύκτωρ ἐξανιστάντος τὴν δέσποιναν. Συνέβη δ' αὐταῖς τοῦτο διαπραξαμέναις, χαλεπωτέροις περιπεσεῖν τοῖς δεινοῖς. Ἡ γὰρ δεσπότις, ἀγνοοῦσα τὴν τῶν ἀλεκτρυόνων ὥραν, ἐννυχώτερον ταύτας ἀνίστη.

Ἐπιμύθιον. Ὁ μῦθος δηλοῖ ὅτι πολλοῖς ἀνθρώποις τὰ βουλεύματα κακῶν αἴτια γίνεται.

continuel, décidèrent qu'il fallait tuer le coq de la maison, puisque c'était lui qui faisait lever de nuit leur maîtresse. Mais, leur projet exécuté, il se trouva qu'elles tombèrent dans un mal bien plus insupportable. Car leur maîtresse, ne pouvant plus savoir l'heure des coqs, les faisait lever bien plus matin encore.

Morale. Cette fable montre que pour beaucoup d'hommes leurs résolutions sont la cause de leurs maux.

ΜΥΘΟΣ ΚΓ'.

ΙΠΠΟΣ ΚΑΙ ΟΝΟΣ.

Ἄνθρωπός τις εἶχεν Ἵππον καὶ Ὄνον. Ὁδευόντων δὲ, ἐν τῇ ὁδῷ εἶπεν ὁ Ὄνος τῷ Ἵππῳ· « Ἆρον ἐκ τοῦ ἐμοῦ βάρους, εἰ θέλεις εἶναί με σῶν. » Ὁ δὲ οὐκ ἐπείσθη. Ὁ δὲ Ὄνος, πεσὼν ἐκ τοῦ κόπου, ἐτελεύτησε. Τοῦ δὲ δεσπότου πάντα ἐπιθέντος αὐτῷ, καὶ αὐτὴν τὴν τοῦ Ὄνου δορὰν, ὀργνῶν ὁ Ἵππος ἐβόα· « Οἴμοι

FABLE XXIII.

LE CHEVAL ET L'ANE.

Un homme avait un Cheval et un Ane. Un jour qu'ils voyageaient, l'Ane dans la route dit au Cheval : « Prends quelque chose de ma charge, si tu ne veux pas que je périsse. » Le Cheval ne voulut point y consentir. L'Ane cependant, étant tombé de fatigue, expira. Le maître alors ayant mis toute la charge et même la peau de l'Ane sur le Cheval, celui-ci s'écriait en gémissant : « Ah ! malheureux que je

FABLE 23.

ἀποκτεῖναι τὸν ἀλεκτρυόνα	tuer le coq
ἐπὶ τῆς οἰκίας,	dans la maison,
ὡς ἐκείνου	comme celui-ci
ἐξανιστάντος νύκτωρ	faisant-lever la-nuit
τὴν δέσποιναν.	la maitresse *d'elles*.
Συνέβη δὲ αὐταῖς	Mais il arriva à celles-ci
διαπραξαμέναις τοῦτο,	ayant exécuté cela,
περιπεσεῖν	d'être tombées-dans
τοῖς δεινοῖς χαλεπωτέροις.	les maux plus fâcheux.
Ἡ γὰρ δεσπότις	Car la maitresse *d'elles*
ἀγνοοῦσα τὴν ὥραν	ignorant l'heure
τῶν ἀλεκτρυόνων,	des coqs,
ἀνίστη ταύτας	faisait-lever celles-ci
ἐννυχώτερον.	plus-tôt-dans-la-nuit.
Ἐπιμύθιον.	*Morale.*
Ὁ μῦθος δηλοῖ ὅτι	La fable montre que
τὰ βουλεύματα γίνεται	les résolutions deviennent
αἴτια κακῶν	cause de maux
πολλοῖς ἀνθρώποις.	pour beaucoup d'hommes.

FABLE 23.

ΙΠΠΟΣ ΚΑΙ ΟΝΟΣ.   LE CHEVAL ET L'ANE.

Ἄνθρωπός τις	Un certain homme
εἶχεν Ἵππον καὶ Ὄνον.	avait un Cheval et un Ane.
Ὁδευόντων δὲ,	Or *eux* voyageant,
ὁ Ὄνος ἐν τῇ ὁδῷ	l'Ane dans la route
εἶπε τῷ Ἵππῳ·	dit au Cheval :
« Ἆρον ἐκ τοῦ ἐμοῦ βάρους,	« Prends de mon fardeau,
εἰ θέλεις με εἶναι σῶν. »	si tu veux moi être sauf. »
Ὁ δὲ οὐκ ἐπείσθη.	Mais lui ne fut pas persuadé.
Ὁ δὲ Ὄνος,	L'Ane cependant,
πεσὼν ἐκ τοῦ κόπου,	étant tombé de fatigue,
ἐτελεύτησε.	mourut.
Τοῦ δὲ δεσπότου	Le maître alors
ἐπιθέντος αὐτῷ πάντα,	ayant placé sur lui tout,
καὶ τὴν δορὰν αὐτὴν τοῦ Ὄνου,	et la peau elle-même de l'Ane,
Ἵππος θρηνῶν ἐβόα·	le Cheval pleurant criait :

τῷ παναθλίῳ, τί μοι συνέϐη τῷ ταλαιπώρῳ; μὴ θελήσας γὰρ μικρὸν βάρος λαϐεῖν, ἰδοὺ ἅπαντα βαστάζω, καὶ τὸ δέρμα! »

Ἐπιμύθιον. Ὁ μῦθος δηλοῖ ὅτι τοῖς μικροῖς οἱ μεγάλοι συγκοινωνοῦντες, ἀμφότεροι σωθήσονται ἐν βίῳ.

suis! que m'est-il arrivé là ! pour n'avoir pas voulu me charger d'un léger fardeau, me voilà condamné à tout porter, et même la peau

Morale. Cette fable montre que les rapports des grands avec les petits peuvent contribuer au bonheur des uns et des autres dans la vie.

ΜΥΘΟΣ ΚΔ'.

ΑΛΙΕΥΣ ΚΑΙ ΣΜΑΡΙΣ.

Ἁλιεὺς, τὸ δίκτυον χαλάσας ἐν τῇ θαλάττῃ, ἀνήνεγκε Σμαρίδα. Σμικρὰ δὲ οὖσα, ἱκέτευεν αὐτὸν, νῦν μὲν μὴ λαϐεῖν αὐτὴν, ἀλλ' ἐᾶσαι, διὰ τὸ σμικρὰν τυγχάνειν· « Ἀλλ' ὅταν αὐξηθῶ, καὶ μεγάλη, φησὶ, γένωμαι, συλλαϐεῖν με δυνήσῃ, ἐπεὶ καὶ εἰς μείζονά σοι ὠφέλειαν ἔσομαι. » Καὶ ὁ Ἁλιεὺς εἶπεν· « Ἀλλ' ἔγωγε ἄνους ἂν εἴην, εἰ, τὸ ἐν χερσὶ παρεὶς κέρδος, κἂν

FABLE XXIV.

LE PÊCHEUR ET LE PETIT POISSON.

Un Pêcheur, ayant jeté son filet dans la mer, en retira un petit poisson. Celui-ci, parce qu'il était petit, le suppliait de ne pas le prendre encore, mais de le laisser aller à cause de sa petitesse. « Mais quand j'aurai pris de l'accroissement, lui dit-il, et que je serai devenu grand, tu pourras me prendre, puisqu'alors je serai pour toi d'une bien plus grande utilité.» Le Pêcheur lui répondit : « Mais je serais bien fou, si je négligeais un gain que j'ai entre les mains, quelque

FABLE 24.

Οἴμοι τῷ παναθλίῳ,	« Hélas à moi le malheureux,
τί συνέβη	quelle-chose est arrivée
μοὶ τῷ ταλαιπώρῳ;	à moi le misérable !
ἐπεὶ γὰρ θελήσας	car n'ayant pas voulu
λαβεῖν βάρος μικρὸν,	prendre un fardeau petit,
ἰδοὺ βαστάζω ἅπαντα,	voilà que je porte tout,
καὶ τὸ δέρμα! »	même la peau ! »

Ἐπιμύθιον. *Morale.*

Ὁ μῦθος δηλοῖ ὅτι	La fable montre que
οἱ μεγάλοι συγκοινωνοῦντες	les grands communiquant
τοῖς μικροῖς,	avec les petits,
ἀμφότεροι	les uns et les autres
σωθήσονται ἐν βίῳ.	seront sauvés dans la vie.

FABLE 24.

ΑΛΙΕΥΣ ΚΑΙ ΣΜΑΡΙΣ.   LE PÊCHEUR ET LE PETIT POISSON.

Ἁλιεὺς χαλάσας	Un Pêcheur ayant fait-descendre
ὁ δίκτυον ἐν τῇ θαλάττῃ,	le filet *de lui* dans la mer,
ἀνήνεγκε Σμαρίδα.	retira un Petit-Poisson.
Οὖσα δὲ σμικρὰ,	Or étant petit,
ἱκέτευεν αὐτὸν	il suppliait celui-là
μὴ λαβεῖν αὐτὴν	de ne pas prendre lui
νῦν μὲν,	maintenant à la vérité,
ἀλλὰ ἐᾶσαι,	mais de *le* laisser,
διὰ τὸ τυγχάνειν σμικράν·	à cause du se trouver petit :
Ἀλλὰ ὅταν, φησὶν,	« Mais quand, dit-il,
αὐξηθῶ,	j'aurai été augmenté,
καὶ γένωμαι μεγάλη,	et *que* je serai devenu grand,
δυνήσῃ συλλαβεῖν με,	tu pourras *re*prendre moi,
ἐπεὶ ἔσομαι	puisque je serai
καὶ εἰς ὠφέλειαν	même à utilité
μείζονά σοι. »	plus grande pour toi. »
Καὶ ὁ Ἁλιεὺς εἶπεν·	Et le Pêcheur dit :
Ἀλλὰ ἔγωγε ἂν εἴην ἄνους,	« Mais moi je serais insensé,
εἰ παρεὶς κέρδος	si ayant négligé le gain
τὸ ἐν χερσὶ,	celui dans *mes* mains,
καὶ ἐὰν ᾖ σμικρὸν,	quoique il soit petit,

ΜΥΘΟΣ ΚΕ´.

σμικρὸν ᾖ, τὸ προσδοκώμενον, κἂν μέγα ὑπάρχῃ, ἐλπίζοιμι. »

Ἐπιμύθιον. Ὁ μῦθος δηλοῖ ὅτι ἀλόγιστος ἂν εἴη ὁ δι᾽ ἐλπίδα μείζονος τὰ ἐν χερσὶν ἀφεὶς, σμικρὰ ὄντα.

petit qu'il soit, dans l'espérance d'un autre qu'il faut attendre, tout grand qu'il puisse être.

Morale. Cette fable montre que ce serait folie que de lâcher ce que l'on a dans les mains, quelque petit que ce soit, et cela dans l'espérance d'un plus grand bien.

ΜΥΘΟΣ ΚΕ´.
ΓΕΩΡΓΟΣ ΚΑΙ ΠΑΙΔΕΣ ΑΥΤΟΥ.

Γεωργός τις, μέλλων καταλύειν τὸν βίον, καὶ βουλόμενος τοὺς ἑαυτοῦ Παῖδας πεῖραν λαβεῖν τῆς γεωργίας, προσκαλεσάμενος αὐτοὺς, ἔφη· « Παῖδες ἐμοὶ, ἐγὼ μὲν ἤδη τοῦ βίου ὑπέξειμι· ὑμεῖς δ᾽, ἅπερ ἐν τῇ ἀμπέλῳ μοι κέκρυπται, ζητήσαντες εὑρήσετε πάντα. » Οἱ μὲν οὖν, οἰηθέντες θησαυρὸν ἐκεῖ που κατορωρύχθαι, πᾶσαν τὴν τῆς ἀμπέλου γῆν μετὰ τὴν ἀποβίωσιν

FABLE XXV.
LE LABOUREUR ET SES ENFANTS.

Un Laboureur, étant sur le point de mourir et voulant que ses Enfants s'adonnassent à l'agriculture, les fit venir et leur dit : « Mes Enfants, je vais quitter la vie; vous cependant, cherchez, et vous trouverez tout ce que j'ai caché dans la vigne. » Ceux-ci donc, persuadés qu'un trésor y avait été enfoui dans quelque endroit, bêchèrent

FABLE 25.

πίζοιμι	j'espérais
προσδοκώμενον,	celui attendu,
ἢ ἐὰν ὑπάρχῃ μέγα. »	quoique il soit grand. »
πιμύθιον.	*Morale.*
μῦθος δηλοῖ ὅτι	La fable montre que
εἴη ἀλόγιστος	il serait inconsidéré
ἀφεὶς	celui ayant lâché
ἐν χερσὶν,	les-choses dans *ses* mains,
τὰ σμικρὰ,	étant petites,
ἐλπίδα	par espérance
ἴζονος.	d'une chose-plus-grande.

FABLE 25.

ΓΕΩΡΓΟΣ ΚΑΙ ΠΑΙΔΕΣ ΑΥΤΟΥ.	LE LABOUREUR ET LES ENFANTS DE LUI.
Γεωργός τις	Un certain Laboureur,
ὅλων	étant-sur-le-point
ιταλύειν τὸν βίον,	de finir la vie *de lui*,
εἰ βουλόμενος	et voulant
ὡς Παῖδας ἑαυτοῦ	les Enfants de lui-même
ιδεῖν πεῖραν τῆς γεωργίας,	prendre essai de l'agriculture,
ροσκαλεσάμενος αὐτοὺς,	ayant appelé-à-*lui* eux,
ῃ·	dit :
Ἐμοὶ Παῖδες,	« Mes Enfants,
ἐγὼ μὲν ἤδη	moi à la vérité de-ce-moment
πέξειμι τοῦ βίου·	je sors de la vie ;
μεῖς δὲ ζητήσαντες	or vous ayant cherché
ἰρήσετε πάντα	vous trouverez toutes-les-choses
περ κέκρυπταί μοι	qui ont été cachées à moi (par moi)
ἐν τῇ ἀμπέλῳ. »	dans la vigne. »
Οἱ μὲν οὖν,	Eux à la vérité donc,
ἰηθέντες θησαυρὸν	ayant pensé un trésor
ατορωρύχθαι	avoir été enfoui
κεῖ που,	là quelque-part,
ατέσκαψαν	bêchèrent-profondément
ἣν γῆν τῆς ἀμπέλου	la terre de la vigne

τοῦ πατρὸς κατέσκαψαν· καὶ θησαυρῷ μὲν οὐ περιέτυχον· ἡ δὲ ἄμπελος, καλῶς σκαφεῖσα, πολλαπλασίονα τὸν καρπὸν ἀνέδωκεν.

Ἐπιμύθιον. Ὁ μῦθος δηλοῖ ὅτι ὁ κάματος θησαυρός ἐστι τοῖς ἀνθρώποις.

profondément le sol de la vigne après la mort de leur père. A la vérité ils ne trouvèrent pas de trésor, mais la vigne, bien bêchée, rendit du fruit au centuple.

Morale. Cette fable montre que le travail est pour les hommes un trésor.

ΜΥΘΟΣ ΚϚ'.

ΚΑΛΑΜΟΣ ΚΑΙ ΕΛΑΙΑ.

Διὰ καρτερίαν καὶ ἰσχὺν καὶ ἡσυχίαν Κάλαμος καὶ Ἐλαία ἤριζον. Τοῦ δὲ Καλάμου ὀνειδιζομένου ὑπὸ τῆς Ἐλαίας, ὡς ἀδυνάτου καὶ ῥᾳδίως ὑποκλινομένου πᾶσι τοῖς ἀνέμοις, ὁ Κάλαμος σιωπῶν οὐκ ἐφθέγξατο. Καὶ μικρὸν ὑπομείνας, ἐπειδὴ ἄνεμος ἔπνευσεν ἰσχυρός, ὁ μὲν Κάλαμος, ὑποσεισθεὶς καὶ ὑποκλιθεὶς τοῖς ἀνέμοις, ῥᾳδίως διεσώθη· ἡ δ' Ἐλαία, ἐπειδὴ ἀντέτεινε τοῖς ἀνέμοις, κατεκλάσθη τῇ βίᾳ.

Ἐπιμύθιον. Ὁ μῦθος δηλοῖ ὅτι οἱ τῷ καιρῷ καὶ τοῖς

FABLE XXVI.

LE ROSEAU ET L'OLIVIER.

Un Roseau et un Olivier disputaient sur la résistance, la force et la tranquillité. Le Roseau, insulté par l'Olivier, parce qu'il était sans force et qu'il cédait facilement à tous les vents, se tut sans répondre. Quelque temps après, une violente tempête s'étant élevée, le Roseau agité et courbé par les vents, échappa facilement; mais l'Olivier, se roidissant contre eux, fut fracassé par la violence de la tempête.

Morale. Cette fable montre que les hommes qui cèdent à la circons-

μετὰ τὴν ἀποβίωσιν τοῦ πατρός·	après la mort du père *d'eux* ;
καὶ μὲν	et à la vérité
οὐ περιέτυχον θησαυρῷ·	ils ne trouvèrent pas de trésor ;
ἡ δὲ ἄμπελος, σκαφεῖσα καλῶς,	mais la vigne, bêchée bien,
ἀνέδωκε τὸν καρπὸν	rendit le fruit
πολλαπλασίονα.	beaucoup-plus-nombreux.
Ἐπιμύθ.ον.	*Morale.*
Ὁ μῦθος δηλοῖ ὅτι	La fable montre que
ὁ κάματός ἐστι θησαυρὸς	le travail est un trésor
τοῖς ἀνθρώποις.	pour les hommes.

FABLE 26.

ΚΑΛΑΜΟΣ ΚΑΙ ΕΛΑΙΑ.	LE ROSEAU ET L'OLIVIER.
Κάλαμος καὶ Ἐλαία	Un Roseau et un Olivier
ἤριζον διὰ καρτερίαν	disputaient sur la patience
καὶ ἰσχὺν καὶ ἡσυχίαν.	et la force et la tranquillité.
Τοῦ δὲ Καλάμου ὀνειδιζομένου	Or le Roseau étant insulté
ὑπὸ τῆς Ἐλαίας,	par l'Olivier,
ὡς ἀδυνάτου	comme *étant* sans-force
καὶ ὑποκλινομένου ῥᾳδίως	et cédant facilement
πᾶσι τοῖς ἀνέμοις,	à tous les vents,
ὁ Κάλαμος σιωπῶν	le Roseau se taisant
οὐκ ἐφθέγξατο.	ne parla point *à lui.*
Καὶ ὑπομείνας μικρὸν,	Et ayant attendu un peu,
ἐπειδὴ ἄνεμος ἰσχυρὸς	lorsque un vent violent
ἔπνευσεν,	eut soufflé,
ὁ μὲν Κάλαμος	le Roseau d'un côté,
ὑποσεισθεὶς καὶ ὑποκλιθεὶς	ayant été agité et ayant été incliné
τοῖς ἀνέμοις,	par les vents,
διεσώθη ῥᾳδίως·	fut sauvé facilement ;
ἡ δὲ Ἐλαία,	l'Olivier de l'autre côté,
ἐπειδὴ ἀντέτεινε τοῖς ἀνέμοις,	comme il se roidissait contre les vents,
κατεκλάσθη τῇ βίᾳ.	fut brisé par la violence *d'eux.*
Ἐπιμύθιον.	*Morale.*
Ὁ μῦθος δηλοῖ ὅτι	La fable montre que
εἰ μὴ ἀνθιστάμενοι	ceux ne s'opposant pas
τῷ καιρῷ	à la circonstance

κρείττοσιν αὐτῶν μὴ ἀνθιστάμενοι, κρείττους εἰσὶ τῶν πρὸς μείζονας φιλονεικούντων.

tance et aux plus puissants qu'eux, sont plus forts que ceux qui aiment à quereller contre les plus grands.

ΜΥΘΟΣ ΚΖ'.

ΑΝΘΡΩΠΟΣ ΚΑΤΑΘΡΑΥΣΑΣ ΑΓΑΛΜΑ.

Ἄνθρωπός τις ξύλινον ἔχων θεὸν, καθικέτευε τοῦ ἀγαθοποιῆσαι αὐτόν. Ὡς οὖν ταῦτα ἔπραττε, καὶ οὐδὲν ἧττον ἐν πενίᾳ διῆγε, θυμωθεὶς, ἄρας αὐτὸν τῶν σκελῶν, ἔῤῥιψεν εἰς τὸ ἔδαφος. Προσκρουσάσης οὖν τῆς κεφαλῆς, καὶ αὐτίκα κλασθείσης, χρυσὸς ἔῤῥευσεν ὅτι πλεῖστος, ὅνπερ δὴ συνάγων ὁ Ἄνθρωπος ἐβόα· « Στρεβλὸς ὑπάρχεις, ὥς γε οἶμαι, καὶ ἀγνώμων· τιμῶντά σε γὰρ ἥκιστά με ὠφέλησας, τυπτήσαντα δέ σε πολλοῖς καλοῖς ἀμείβῃ. »

Ἐπιμύθιον. Ὁ μῦθος δηλοῖ ὅτι οὐκ ὠφελήσῃ τιμῶν πονηρὸν ἄνθρωπον, τύπτων δὲ αὐτὸν, μᾶλλον ὠφελήσῃ.

FABLE XXVII.

L'HOMME QUI A BRISÉ UNE STATUE.

Un Homme avait un dieu de bois et le suppliait de lui faire du bien. Comme, malgré cela, il n'en vivait pas moins dans la pauvreté, il se mit en colère, saisit le dieu par les jambes, et le jeta contre le pavé. La tête ayant donc frappé contre terre et s'étant brisée aussitôt, il en coula de l'or en quantité. L'Homme, en le ramassant, s'écria : « Tu es bizarre et ingrat, à ce que je pense du moins, car tu ne m'as aidé en rien, lorsque je t'honorais, et, quand je te frappe, tu me récompenses par des biens nombreux. »

Morale. Cette fable montre qu'en honorant un méchant on n'en retire aucune utilité, mais qu'en le maltraitant on en retire plus d'avantages.

καὶ τοῖς κρείττοσιν αὐτῶν, et aux plus puissants *que* eux,
εἰσὶ κρείττους sont plus forts
τῶν φιλονεικούντων *que* ceux aimant-à-quereller
πρὸς μείζονας. contre de plus grands.

FABLE 27.

ΑΝΘΡΩΠΟΣ ΚΑΤΑΘΡΑΥΣΑΣ L'HOMME AYANT BRISÉ
ΑΓΑΛΜΑ. UNE STATUE.

Ἄνθρωπός τις Un certain Homme
ἔχων θεὸν ξύλινον, ayant un dieu de-bois,
καθικέτευε *le* suppliait
τοῦ ἀγαθοποιῆσαι αὐτόν. de faire-du-bien à lui.
Ὡς οὖν ἔπραττε ταῦτα, Comme donc il faisait ces-choses,
καὶ διῆγεν et *que* il passait-sa-vie
οὐδὲν ἧττον ἐν πενίᾳ, en rien moins dans la pauvreté,
θυμωθείς, s'étant-mis-en-colère,
ἄρας αὐτὸν τῶν σκελῶν, ayant soulevé lui par les jambes,
ἔρριψεν εἰς τὸ ἔδαφος. il jeta *lui* contre le pavé.
Τῆς οὖν κεφαλῆς La tête donc
προσκρουσάσης, ayant heurté-contre,
καὶ κλασθείσης αὐτίκα, et ayant été brisée aussitôt,
χρυσὸς ἔρρευσεν de l'or coula
ὅτι πλεῖστος, le plus nombreux possible ;
ὅνπερ δὴ συνάγων lequel donc rassemblant
ὁ Ἄνθρωπος ἐβόα· l'Homme s'écria :
« Ὑπάρχεις στρεβλὸς καὶ ἀγνώμων, « Tu es bizarre et ingrat,
ὥς γε οἶμαι· comme du moins je pense ;
ὠφέλησας γὰρ ἥκιστα car tu as servi point du tout
μὲ τιμῶντά σε, moi honorant toi,
ἀμείβῃ δὲ et tu récompenses
καλοῖς πολλοῖς par des biens nombreux
τυπτήσαντά σε. » *moi* ayant frappé toi. »

Ἐπιμύθιον. Morale.

Ὁ μῦθος δηλοῖ ὅτι La fable montre que
τιμῶν ἄνθρωπον πονηρὸν honorant un homme méchant
οὐκ ὠφελήσῃ, tu ne seras pas aidé,
τύπτων δὲ αὐτόν, mais frappant lui,
ὠφελήσῃ μᾶλλον. tu seras aidé davantage.

ÉSOPE.

ΜΥΘΟΣ ΚΗ΄.

ΑΛΩΠΗΞ.

Ἀλώπηξ, ἐν παγίδι ληφθεῖσα, καὶ ἀποκοπείσης τῆς οὐρᾶς διαδρᾶσα, ἀβίωτον ὑπ' αἰσχύνης ἡγεῖτο τὸν βίον. Ἔγνω οὖν καὶ τὰς ἄλλας Ἀλώπεκας τοῦτ' αὐτὸ νουθετῆσαι, ὡς ἂν τῷ κοινῷ πάθει τὸ ἴδιον συγκαλύψειεν αἶσχος. Καὶ δὴ πάσας ἀθροίσασα, παρῄνει τὰς οὐρὰς ἀποκόπτειν, ὡς οὐκ ἀπρεπὲς μόνον τοῦτο τὸ μέλος ὄν, ἀλλὰ καὶ περιττὸν βάρος προσηρτημένον. Ὑπολαβοῦσα δέ τις αὐτῶν, εἶπεν· « Ὦ αὕτη, ἀλλ' εἰ οὔ σοι τοῦτο συνέφερεν, οὐκ ἂν ἡμῖν αὐτὸ συνεβούλευες. »

Ἐπιμύθιον. Ὁ μῦθος δηλοῖ ὅτι οἱ πονηροὶ τῶν ἀνθρώπων οὐ δι' εὔνοιαν τὰς πρὸς τοὺς πέλας ποιοῦνται συμβουλίας, διὰ δὲ τὸ αὐτοῖς συμφέρον.

FABLE XXVIII.

LE RENARD.

Un Renard, qui avait été pris dans un piége, et qui n'avait pu s'en échapper que la queue coupée, pensait que ce n'était point vivre que de vivre dans la honte. Il résolut donc de persuader aux renards ce qui suit, afin de cacher sa propre honte dans la perte commune. En conséquence les ayant tous rassemblés, il les engageait à couper leur queue, qui était, disait-il, non-seulement un membre inconvenant, mais aussi un poids inutile, attaché derrière eux. Un d'eux prit alors la parole et lui dit : « Mais, mon cher, si cela ne t'était pas utile, tu ne nous le conseillerais pas. »

Morale. Cette fable montre que les méchants donnent des conseils à ceux qui les approchent, non par bienveillance, mais par intérêt pour eux-mêmes.

FABLE 28.

ΑΛΩΠΗΞ.	LE RENARD.
Ἀλώπηξ ληφθεῖσα	Un Renard ayant été pris
ἐν παγίδι,	dans un piége,
καὶ διαδρᾶσα,	et ayant échappé,
τῆς οὐρᾶς ἀποκοπείσης,	la queue *de lui* ayant été coupée,
ἡγεῖτο τὸν βίον	pensait la vie *de lui*
ἀβίωτον	*une vie* insupportable
ὑπὸ αἰσχύνης.	à cause de la honte.
Ἔγνω οὖν	Il résolut donc
νουθετῆσαι καὶ	de persuader aussi
τὰς ἄλλας ἀλώπεκας	aux autres renards
τοῦτο αὐτὸ,	cela même,
ὡς ἂν συγκαλύψειε	afin qu'il pût-couvrir
τῷ πάθει κοινῷ	*avec* le malheur commun
τὸ αἶσχος ἴδιον.	l'opprobre particulier *de lui*.
Καὶ δὴ ἀθροίσασα πάσας,	Et donc ayant rassemblé tous,
παρῄνει	il *les* avertissait
ἀποκόπτειν τὰς οὐρὰς,	de couper les queues *d'eux*,
ὡς τοῦτο τὸ μέλος ὂν	comme ce membre étant
οὐ μόνον ἀπρεπὲς,	non-seulement inconvenant,
ἀλλὰ καὶ βάρος περιττὸν	mais aussi un poids superflu
προσηρτημένον.	attaché-derrière *eux*.
Τὶς δὲ αὐτῶν	Mais un certain d'eux
ὑπολαβοῦσα εἶπεν·	ayant répondu dit :
« Ὦ αὕτη,	« O *toi* celui-ci,
ἀλλὰ εἰ τοῦτο	mais si cela
οὐ συνέφερέ σοι,	n'était pas utile à toi,
οὐκ ἂν συνεβούλευες	tu ne conseillerais pas
αὐτὸ ἡμῖν. »	cela à nous. »
Ἐπιμύθιον.	*Morale.*
Ὁ μῦθος δηλοῖ ὅτι	La fable montre que
οἱ πονηροὶ τῶν ἀνθρώπων	les méchants des hommes
ποιοῦνται τὰς συμβουλίας	font les conseils
πρὸς τοὺς πέλας	à ceux *étant* près
οὐ δι' εὔνοιαν,	non par bienveillance,
διὰ δὲ τὸ συμφέρον αὐτοῖς.	mais par l'utilité pour eux-mêmes.

ΜΥΘΟΣ ΚΘ'.

ΛΥΚΟΣ ΚΑΙ ΓΡΑΥΣ.

Λύκος λιμώττων περιήει ζητῶν τροφήν. Γενόμενος δὲ κατά τινα τόπον, ἤκουσε παιδίου κλαίοντος, καὶ Γραὸς λεγούσης αὐτῷ· « Παῦσαι τοῦ κλαίειν· εἰ δὲ μὴ, τῇ ὥρᾳ ταύτῃ ἐπιδώσω σε τῷ Λύκῳ. » Οἰόμενος δὴ ὁ Λύκος, ὅτι ἀληθεύει ἡ Γραῦς, ἵστατο πολλὴν ἐκδεχόμενος ὥραν. Ὡς δ' ἑσπέρα κατέλαβεν, ἀκούει πάλιν τῆς Γραὸς κολακευούσης τὸ παιδίον, καὶ λεγούσης αὐτῷ· « Ἐὰν ἔλθῃ ὁ Λύκος δεῦρο, φονεύσομεν, ὦ τέκνον, αὐτόν. » Ταῦτα ἀκούσας ὁ Λύκος, ἐπορεύετο, λέγων· « Ἐν ταύτῃ τῇ ἐπαύλει, ἄλλα μὲν λέγουσιν, ἄλλα δὲ πράττουσιν. »

Ἐπιμύθιον. Ὁ μῦθος πρὸς ἀνθρώπους, οἵτινες τὰ ἔργα τοῖς λόγοις οὐκ ἔχουσιν ὅμοια.

FABLE XXIX.

LE LOUP ET LA VIEILLE.

Un Loup, pressé par la faim, allait çà et là cherchant de la nourriture. Étant arrivé dans un certain lieu, il entendit un petit enfant pleurer et une Vieille Femme lui dire : « Cesse de pleurer, ou bien je vais te donner au Loup à l'instant. » Le Loup, pensant que la Vieille disait vrai, attendit là longtemps. Mais lorsque vint le soir, il entendit de nouveau la Vieille caresser l'enfant et lui dire : « Mon petit enfant, si le Loup vient ici, nous le tuerons. » Le Loup, entendant ces paroles, s'en alla en disant : « Dans cette maison on parle d'une manière et on agit d'une autre. »

Morale. Cette fable s'adresse aux hommes dont les actions ne s'accordent pas avec leurs discours.

FABLE 29.

ΛΥΚΟΣ ΚΑΙ ΓΡΑΥΣ. — LE LOUP ET LA VIEILLE.

Λύκος λιμώττων	Un Loup ayant-faim
περιῄει	allait-çà-et-là
ζητῶν τροφήν.	cherchant de la nourriture.
Γενόμενος δὲ	Or étant arrivé
κατά τινα τόπον,	dans un certain lieu,
ἤκουσε	il entendit
παιδίου κλαίοντος,	un petit-enfant pleurant,
καὶ Γραὸς λεγούσης αὐτῷ·	et une Vieille disant à lui :
« Παῦσαι τοῦ κλαίειν·	« Cesse de pleurer :
εἰ δὲ μὴ,	et si non,
ἐπιδώσω σε τῷ λύκῳ	je donnerai toi au loup
τῇ ὥρᾳ ταύτῃ. »	à cette heure-ci même. »
Ὁ δὴ Λύκος οἰόμενος	Le Loup donc pensant
ὅτι ἡ Γραῦς ἀληθεύει,	que la Vieille dit (disait)-vrai,
ἵστατο ὥραν πολλὴν	se tint un temps considérable
ἐκδεχόμενος.	attendant.
Ὡς δὲ ἑσπέρα κατέλαβεν,	Mais lorsque le soir survint,
ἀκούει πάλιν τῆς Γραὸς	il entend de nouveau la Vieille
κολακευούσης τὸ παιδίον	flattant le petit-enfant
καὶ λεγούσης αὐτῷ·	et disant à lui :
« Ἐὰν ὁ Λύκος, ὦ τέκνον,	« Si le Loup, ô enfant,
ἔλθῃ δεῦρο,	vient ici,
φονεύσομεν αὐτόν. »	nous tuerons lui. »
Ὁ Λύκος ἀκούσας ταῦτα,	Le Loup ayant entendu ces-choses,
ἐπορεύετο λέγων·	s'en allait disant :
« Ἐν ταύτῃ τῇ ἐπαύλει,	« Dans cette ferme-ci,
λέγουσι μὲν ἄλλα,	ils disent d'une part autres-choses,
πράττουσι δὲ ἄλλα. »	et font d'autre part autres-choses. »

Ἐπιμύθιον.   *Morale.*

Ὁ μῦθος πρὸς ἀνθρώπους,	La fable *s'adresse* aux hommes
οἵτινες οὐκ ἔχουσι τὰ ἔργα	qui n'ont pas les actions
ὅμοια τοῖς λόγοις.	semblables aux discours.

ΜΥΘΟΣ Λ'.

ΠΟΙΜΗΝ ΚΑΙ ΘΑΛΑΣΣΑ.

Ποιμήν, ἐν παραθαλασσίῳ τόπῳ ποίμνιον νέμων, ἑωρακὼς γαληνιῶσαν τὴν Θάλατταν, ἐπεθύμησε πλεῦσαι πρὸς ἐμπορίαν. Ἀπεμπολήσας οὖν τὰ πρόβατα, καὶ φοινίκων βαλάνους πριάμενος, ἀνήχθη. Χειμῶνος δὲ σφοδροῦ γενομένου, καὶ τῆς νεὼς κινδυνευούσης βαπτίζεσθαι, πάντα τὸν φόρτον ἐκβαλὼν εἰς τὴν Θάλατταν, μόλις κενῇ τῇ νηῒ διεσώθη. Μετὰ δ' ἡμέρας οὐκ ὀλίγας παριόντος τινὸς, καὶ τῆς Θαλάττης (ἔτυχε γὰρ αὕτη γαληνιῶσα) τὴν ἠρεμίαν θαυμάζοντος, ὑπολαβὼν οὗτος, εἶπε· « Φοινίκων αὖθις, ὡς ἔοικεν, ἐπιθυμεῖ, καὶ διὰ τοῦτο φαίνεται ἡσυχάζουσα. »

Ἐπιμύθιον· Ὁ μῦθος δηλοῖ ὅτι τὰ παθήματα τοῖς ἀνθρώποις μαθήματα γίνονται.

FABLE XXX.

LE BERGER ET LA MER.

Un Berger, qui faisait paître son troupeau près de la Mer, la voyant calme, désira naviguer pour faire du commerce. Ayant donc vendu ses brebis, il acheta des dattes, et s'embarqua. Mais une violente tempête étant survenue, et son vaisseau se trouvant en danger d'être submergé, il jeta toute la charge à la Mer ; et ce fut avec bien de la peine qu'il se sauva avec son vaisseau vide. Assez longtemps après, quelqu'un passant par là et admirant le calme de la Mer (elle était en effet alors tranquille), le Berger prend la parole et lui dit : « Elle veut encore des dattes, à ce qu'il me semble, et c'est pour cela qu'elle paraît tranquille.

Morale. Cette fable montre que les malheurs servent de leçons aux hommes.

FABLE 30.

ΠΟΙΜΗΝ ΚΑΙ ΘΑΛΑΣΣΑ.	LE BERGER ET LA MER.
Ποιμὴν νέμων	Un Berger faisant-paître
ποίμνιον	un petit-troupeau
ἐν τόπῳ παραθαλασσίῳ,	dans un lieu près-de-la-mer,
ἑωρακὼς τὴν Θάλασσαν	ayant vu la Mer
γαληνιῶσαν,	étant-calme,
ἐπεθύμησε πλεῦσαι	désira naviguer
πρὸς ἐμπορίαν.	pour le commerce.
Ἀπεμπολήσας οὖν	Ayant vendu donc
τὰ πρόβατα,	les brebis *de lui*,
καὶ πριάμενος	et ayant acheté
βαλάνους φοινίκων,	des glands de palmiers (des dattes),
ἀνήχθη.	il mit-à-la-voile.
Χειμῶνος δὲ σφοδροῦ	Mais une tempête violente
γενομένου,	ayant eu-lieu,
καὶ τῆς νεὼς	et le vaisseau *de lui*
κινδυνευούσης	étant-en-danger
βαπτίζεσθαι,	d'être submergé,
ἐκβαλὼν εἰς τὴν Θάλασσαν	ayant jeté-dehors dans la Mer
πάντα τὸν φόρτον,	toute la charge,
διεσώθη μόλις	il fut sauvé à peine
τῇ νηῒ κενῇ.	avec le vaisseau vide.
Μετὰ δὲ ἡμέρας οὐκ ὀλίγας	Or après des jours non peu-nombreux,
τινὸς παριόντος	quelqu'un passant
καὶ θαυμάζοντος	et admirant
τὴν ἠρεμίαν τῆς Θαλάττης	la tranquillité de la Mer,
(αὕτη γὰρ ἔτυχε	(car elle se trouvait
γαληνιῶσα),	étant-calme),
οὗτος ὑπολαβὼν εἶπεν·	celui-là répondant dit :
« Ἐπιθυμεῖ αὖθις φοινίκων,	« Elle désire encore des dattes,
ὡς ἔοικε,	comme il semble,
καὶ διὰ τοῦτο	et à cause de cela
φαίνεται ἡσυχάζουσα.	elle paraît étant-en-repos.
Ἐπιμύθιον.	*Morale.*
Ὁ μῦθος δηλοῖ ὅτι	La fable montre que
τὰ παθήματα γίνονται	les malheurs deviennent
μαθήματα τοῖς ἀνθρώποις.	des enseignements pour les hommes

ΜΥΘΟΣ ΛΑ'.

ΛΕΩΝ ΚΑΙ ΑΛΩΠΗΞ.

Λέων γηράσας, καὶ μὴ δυνάμενος διαρκέσαι αὐτῷ εἰς τροφὴν, ἔγνω δι' ἐπινοίας τι πρᾶξαι. Καὶ δὴ παραγενόμενος ἐν σπηλαίῳ τινὶ, καὶ κατακλινθεὶς, προσεποιεῖτο νοσεῖν. Παραγενόμενα οὖν τὰ ζῶα, ἐπισκέψεως χάριν, συλλαμβάνων κατήσθιεν αὐτά. Πολλῶν οὖν ζώων ἀναλωθέντων, Ἀλώπηξ, τὸ τέχνασμα τοῦτο γνοῦσα, παρεγένετο πρὸς αὐτὸν, καὶ στᾶσα ἔξωθεν τοῦ σπηλαίου ἐπυνθάνετο, πῶς ἔχει. Τοῦ δὲ εἰπόντος, Κακῶς, καὶ τὴν αἰτίαν πυνθανομένου, δι' ἣν οὐκ εἰσέρχεται, ἡ Ἀλώπηξ ἔφη· «Ὅτι ὁρῶ ἴχνη πολλῶν εἰσιόντων, ὀλίγων δὲ ἐξιόντων.»

Ἐπιμύθιον. Ὁ μῦθος δηλοῖ ὅτι οἱ φρόνιμοι τῶν ἀνθρώπων, ἐκ τεκμηρίων προορώμενοι τοὺς κινδύνους, ἐκφεύγουσιν.

FABLE XXXI.

LE LION ET LE RENARD.

Un Lion devenu vieux et incapable de pourvoir par lui-même à sa nourriture, résolut d'avoir recours à la ruse. S'étant donc retiré dans un antre, il s'y coucha et fit semblant d'être malade. Les animaux venant lui rendre visite, il les saisissait et les dévorait. Un grand nombre ayant ainsi disparu, un Renard, qui s'aperçut de l'artifice, s'avança vers lui, et, se tenant hors de l'antre, il lui demanda comment il se portait. Le Lion lui ayant répondu qu'il allait mal, et lui demandant pourquoi il n'entrait pas, le Renard lui dit : « Parce que je vois beaucoup de traces de ceux qui entrent, mais peu de ceux qui sortent. »

Morale. Cette fable montre que les hommes prudents savent par des signes certains prévoir le danger et l'éviter.

FABLE 31.

ΛΕΩΝ ΚΑΙ ΑΛΩΠΗΞ	LE LION ET LE RENARD.
Λέων γηράσας,	Un Lion ayant vieilli,
καὶ μὴ δυνάμενος διαρκέσαι	et ne pouvant suffire
αὑτῷ εἰς τὴν τροφὴν,	à lui-même pour la nourriture,
ἔγνω πρᾶξαι	résolut de faire
τι διὰ ἐπινοίας.	quelque-chose par adresse.
Καὶ δὴ παραγενόμενος	Et donc étant parvenu
ἔν τινι σπηλαίῳ,	dans un certain antre,
καὶ κατακλινθεὶς,	et s'étant étendu,
προσεποιεῖτο νοσεῖν.	il feignait être-malade.
Συλλαμβάνων οὖν	Saisissant donc
τὰ ζῶα παραγενόμενα	les animaux s'étant approchés
χάριν ἐπισκέψεως,	en vue de la visite,
κατήσθιεν αὐτά.	il dévorait eux.
Ζώων πολλῶν οὖν	Des animaux nombreux donc
ἀναλωθέντων,	ayant été détruits,
Ἀλώπηξ γνοῦσα	un Renard ayant reconnu
τοῦτο τὸ τέχνασμα,	cet artifice,
παρεγένετο πρὸς αὐτὸν,	s'avança vers lui,
καὶ στᾶσα ἔξωθεν τοῦ σπηλαίου,	et se tenant hors de l'antre,
ἐπυνθάνετο πῶς ἔχει.	il demandait comment il va.
Τοῦ δὲ εἰπόντος, Κακῶς,	Or celui-ci ayant dit, Mal,
καὶ πυνθανομένου τὴν αἰτίαν	et demandant la cause
διὰ ἥν οὐκ εἰσέρχεται,	pour laquelle il n'entre pas,
ἡ Ἀλώπηξ ἔφη·	le Renard dit :
« Ὅτι ὁρῶ ἴχνη	« Parce que je vois des traces
πολλῶν εἰσιόντων,	de beaucoup entrant,
ὀλίγων δὲ ἐξιόντων.	mais de peu sortant. »

Ἐπιμύθιον.	Morale.
Ὁ μῦθος δηλοῖ ὅτι	La fable montre que
οἱ φρόνιμοι τῶν ἀνθρώπων,	les prudents des hommes,
προορώμενοι τοὺς κινδύνους	prévoyant les dangers
ἐκ τεκμηρίων,	d'après des signes-certains,
ἐκφεύγουσιν.	les évitent.

ΜΥΘΟΣ ΛΒ'.

ΑΛΩΠΗΞ ΚΑΙ ΠΙΘΗΚΟΣ.

Ἐν συνόδῳ ποτὲ τῶν ἀλόγων ζώων ὠρχήσατο Πίθηκος, καὶ εὐδοκιμήσας, βασιλεὺς ὑπ' αὐτῶν ἐχειροτονήθη. Ἀλώπηξ δ' αὐτῷ φθονήσασα, ὡς ἔν τινι παγίδι κρέας ἐθεάσατο, τὸν Πίθηκον λαβοῦσα, ἐνταῦθα ἤγαγεν, ὡς εὕροι μὲν αὐτή, λέγουσα, θησαυρὸν τοῦτον, μὴ μέντοι καὶ χρήσασθαι αὐτῷ· τῷ βασιλεῖ γὰρ τοῦτον ὁ νόμος δίδωσι. Καὶ προὐτρέπετο αὐτόν, ἅτε δὴ βασιλέα, τὸν θησαυρὸν ἀνελέσθαι. Ὁ δ', ἀπερισκέπτως προσελθών, καὶ συλληφθεὶς ὑπὸ τῆς παγίδος, ὡς ἐξαπατήσασαν ἐμέμφετο τὴν Ἀλώπεκα. Ἡ δὲ πρὸς αὐτόν· « Ὦ Πίθηκε, τοιαύτην σὺ μωρίαν ἔχων, τῶν ἀλόγων βασιλεύσεις; »

Ἐπιμύθιον. Ὁ μῦθος δηλοῖ ὅτι οἱ πράξεσί τισιν ἀπερισκέπτως ἐπιχειροῦντες, δυστυχήμασι περιπίπτουσι.

FABLE XXXII.

LE RENARD ET LE SINGE.

Un jour dans une assemblée des animaux privés de raison un Singe dansa, acquit ainsi de la gloire, et fut élu roi. Un Renard, qui en fut jaloux, ayant vu de la chair dans un piége, prit le Singe avec lui, et l'y conduisit, en lui disant que c'était lui à la vérité qui avait trouvé ce trésor, mais que cependant il n'y avait pas touché, attendu que la loi l'accorde au roi; et il l'engagea en sa qualité de roi à s'en emparer. Le Singe s'étant avancé inconsidérément et s'étant laissé prendre au piége, il accusa le Renard de l'avoir trompé. Mais celui-ci lui dit : « O Singe, avec tant de sottise pourras-tu donc régner sur des êtres privés de raison?

Morale. Cette fable montre que ceux qui font des entreprises inconsidérées, tombent dans le malheur.

FABLE 32.

ΑΛΩΠΗΞ ΚΑΙ ΠΙΘΗΚΟΣ.   LE RENARD ET LE SINGE.

Ποτὲ ἐν συνόδῳ	Un jour dans une assemblée
τῶν ζώων ἀλόγων	des animaux sans-raison
Πίθηκος ὠρχήσατο,	un Singe dansa,
καὶ εὐδοκιμήσας	et ayant acquis-de-la-gloire
ἐχειροτονήθη βασιλεὺς ὑπὸ αὐτῶν.	il fut choisi roi par eux.
Ἀλώπηξ δὲ,	Or un Renard,
φθονήσασα αὐτῷ,	ayant porté-envie à lui,
ὡς ἐθεάσατο κρέας	comme il avait vu de la chair
ἔν τινι παγίδι,	dans un certain piége,
λαβοῦσα τὸν Πίθηκον,	ayant pris le Singe,
ἤγαγεν ἐνταῦθα,	*le* conduisit là,
λέγουσα ὡς αὐτὴ μὲν	disant que lui à la vérité
εὕροι τοῦτον θησαυρόν,	avait trouvé ce trésor,
καὶ μέντοι	et cependant
μὴ χρήσασθαι αὐτῷ·	ne s'être pas servi de lui;
ὁ γὰρ νόμος δίδωσι	car la loi donne
τοῦτον τῷ βασιλεῖ.	celui-ci au roi.
Καὶ προετρέπετο αὐτὸν,	Et il engageait lui,
ἅτε δὴ βασιλέα,	comme certes roi,
ἀνελέσθαι τὸν θησαυρόν.	à enlever le trésor.
Ὁ δὲ προσελθὼν	Or celui-là s'étant avancé
ἀπερισκέπτως,	d'une-manière-inconsidérée,
καὶ συλληφθεὶς ὑπὸ τῆς παγίδος,	et ayant été pris par le piége,
ἐμέμφετο τὴν Ἀλώπεκα	accusait le Renard
ὡς ἐξαπατήσασαν.	comme *l'*ayant trompé.
Ἡ δὲ πρὸς αὐτόν·	Mais celui-ci *dit* à lui :
« Ὦ Πίθηκε, σὺ	« O Singe, toi
ἔχων τοιαύτην μωρίαν,	ayant une telle sottise,
βασιλεύσεις	régneras-tu *donc*
τῶν ἀλόγων; »	sur les *êtres* sans-raison?

Ἐπιμύθιον.   *Morale.*

Ὁ μῦθος δηλοῖ ὅτι	La fable montre que
οἱ ἐπιχειροῦντες	ceux mettant-la-main
τισὶ πράξεσιν	à certaines actions
ἀπερισκέπτως,	d'une-manière-inconsidérée,
περιπίπτουσι δυστυχήμασι.	tombent dans des malheurs.

ΜΥΘΟΣ ΛΓ'.

ΛΑΓΩΟΙ ΚΑΙ ΒΑΤΡΑΧΟΙ.

Οἱ Λαγωοί ποτε συνελθόντες, τὸν ἑαυτῶν πρὸς ἀλλήλους ἀπεκλαίοντο βίον, ὡς ἐπισφαλὴς εἴη, καὶ δειλίας πλέως· καὶ γὰρ καὶ ὑπ' ἀνθρώπων, καὶ κυνῶν, καὶ ἀετῶν, καὶ ἄλλων πολλῶν ἀναλίσκονται· βέλτιον οὖν εἶναι θανεῖν ἅπαξ, ἢ διὰ βίου τρέμειν. Τοῦτο τοίνυν κυρώσαντες, ὥρμησαν κατὰ ταὐτὸν εἰς τὴν λίμνην, ὡς εἰς αὐτὴν ἐμπεσούμενοι καὶ ἀποπνιγησόμενοι. Τῶν δὲ καθημένων κύκλῳ τῆς λίμνης βατράχων, ὡς τὸν τοῦ δρόμου κτύπον ᾔσθοντο, εὐθὺς εἰς ταύτην εἰσπηδησάντων, τῶν Λαγωῶν τις, ἀγχινούστερος εἶναι δοκῶν τῶν ἄλλων, ἔφη· « Στῆτε, ἑταῖροι, μηδὲν δεινὸν ὑμᾶς αὐτοὺς διαπράξησθε· ἤδη, ὡς ὁρᾶτε, καὶ ἡμῶν ἕτερ' ἐστὶ ζῶα δειλότερα. »

FABLE XXXIII.

LES LIÈVRES ET LES GRENOUILLES.

Les Lièvres, s'étant un jour rassemblés, déploraient entre eux leur vie, parce qu'ils la passaient toujours dans les dangers et la crainte ; et en effet ils sont détruits et par les hommes et par les chiens et par les aigles et par beaucoup d'autres ; il valait donc mieux mourir une fois que trembler toute leur vie. Cette résolution une fois prise, ils s'élancèrent en même temps vers l'étang voisin pour s'y précipiter et s'y noyer. Des Grenouilles, qui étaient sur le bord de l'étang, dès qu'elles entendirent le bruit de leur course, sautèrent dans l'étang ; alors un des Lièvres qui paraissait avoir plus de présence d'esprit que les autres, s'écria : «Arrêtez, camarades, ne consommez point contre vous-mêmes un acte affreux ; car comme vous le voyez, il y a d'autres animaux même plus timides que nous »

FABLE 33.

ΛΑΓΩΟΙ ΚΑΙ ΒΑΤΡΑΧΟΙ.   LES LIÈVRES ET LES GRENOUILLES

Οἱ Λαγωοί ποτε	Les Lièvres un jour
συνελθόντες,	s'étant rassemblés,
ἀπεκλαίοντο πρὸς ἀλλήλους	déploraient entre les uns les autres
τὸν βίον ἑαυτῶν,	la vie d'eux-mêmes,
ὡς εἴη ἐπισφαλὴς	parce que elle était peu-sûre
καὶ πλέως δειλίας·	et pleine de crainte;
καὶ γὰρ ἀναλίσκονται	et en effet ils sont détruits
καὶ ὑπὸ ἀνθρώπων,	et par les hommes,
καὶ κυνῶν,	et *par* les chiens,
καὶ ἀετῶν,	et *par* les aigles,
καὶ πολλῶν ἄλλων·	et *par* beaucoup d'autres;
θανεῖν ἅπαξ	être mort une-fois
εἶναι οὖν βέλτιον	être donc meilleur
ἢ τρέμειν διὰ βίου.	que trembler pendant la vie.
Κυρώσαντες τοίνυν τοῦτο,	Donc ayant décidé cela,
ὥρμησαν εἰς τὴν λίμνην	ils s'élancèrent vers l'étang
κατὰ τὸ αὐτὸ,	en même-temps,
ὡς ἐμπεσούμενοι εἰς αὐτήν,	comme devant se précipiter dans
καὶ ἀποπνιγησόμενοι.	et devant être suffoqués.
Τῶν δὲ Βατράχων καθημένων	Or les Grenouilles étant assises
κύκλῳ τῆς λίμνης,	autour de l'étang,
ὡς ᾔσθοντο	dès que elles sentirent
τὸν κτύπον τοῦ δρόμου,	le bruit de la course,
εἰσπηδησάντων εὐθὺς	ayant sauté aussitôt
εἰς ταύτην,	dans cet *étang*,
τὶς τῶν Λαγωῶν,	un certain des Lièvres,
δοκῶν εἶναι	paraissant être
ἀγχινούστερος	d'un-esprit-plus-présent
τῶν ἄλλων,	*que* les autres,
ἔφη·	dit :
« Στῆτε, ἑταῖροι,	« Arrêtez, camarades,
διαπράξησθε μηδὲν δεινὸν	n'exécutez rien de fâcheux
ὑμᾶς αὐτούς·	*contre* vous-mêmes ;
ἤδη, ὡς ὁρᾶτε,	déjà, comme vous voyez,
ἕτερα ζῶα καὶ	d'autres animaux aussi
ἐστὶ δειλότερα ἡμῶν. »	sont plus timides *que* nous. »

ἘπιμύθιονὉ μῦθος δηλοῖ ὅτι οἱ δυςτυχοῦντες, ἐξ ἑτέρων, χείρονα πασχόντων, παραμυθοῦνται.

Morale. Cette fable montre que les malheureux se consolent à la vue de plus malheureux.

ΜΥΘΟΣ ΛΔ΄.

ΠΙΘΗΚΟΣ ΚΑΙ ΔΕΛΦΙΣ.

Ἔθους ὄντος τοῖς πλέουσι Μελιταῖα κυνίδια καὶ πιθήκους ἐπάγεσθαι πρὸς παραμυθίαν τοῦ πλοῦ, πλέων τις εἶχε σὺν ἑαυτῷ καὶ Πίθηκον. Γενομένων δὲ αὐτῶν κατὰ τὸ Σούνιον, τὸ τῆς Ἀττικῆς ἀκρωτήριον, χειμῶνα σφοδρὸν συνέβη γενέσθαι. Τῆς δὲ νεὼς περιτραπείσης, καὶ πάντων διακολυμβώντων, ἐνήχετο καὶ ὁ Πίθηκος. Δελφὶς δέ τις αὐτὸν θεασάμενος, καὶ ἄνθρωπον εἶναι ὑπολαβών, ἀπελθὼν ἀνεῖχε διακομίζων ἐπὶ τὴν χέρσον. Ὡς δὲ κατὰ τὸν Πειραιᾶ ἐγένετο, τὸ τῶν Ἀθηναίων ἐπίνειον, ἐπυνθάνετο τοῦ Πιθήκου, εἰ τὸ γένος ἐστὶν Ἀθηναῖος. Τοῦ δὲ

FABLE XXXIV.

LE SINGE ET LE DAUPHIN.

Comme c'était une coutume, quand on voyageait sur mer, d'emmener avec soi des petits chiens de Mélite et des singes pour se désennuyer de la navigation, un passager avait aussi avec lui un Singe. Lorsque l'on fut près de Sunium, promontoire de l'Attique, il s'éleva une tempête violente. Le navire alors ayant été renversé et tous les passagers s'étant mis à nager, le Singe nageait aussi. Un Dauphin, qui l'aperçut, croyant que c'était un homme, s'approcha, et le transporta sur son dos vers la terre. Lorsqu'il fut près du Pirée, qui est le port d'Athènes, le Dauphin lui demanda s'il était Athénien d'origine. Celui-

FABLE 34.

Ἐπιμύθιον.	*Morale.*
Ὁ μῦθος δηλοῖ ὅτι	La fable montre que
οἱ δυστυχοῦντες	ceux étant-malheureux
παραμυθοῦνται ἐξ ἑτέρων	sont consolés d'après d'autres
πασχόντων χείρονα	souffrant des choses-pires.

FABLE 34.

ΠΙΘΗΚΟΣ ΚΑΙ ΔΕΛΦΙΣ. — LE SINGE ET LE DAUPHIN.

Ἔθους ὄντος	Une coutume étant
τοῖς πλέουσιν	à ceux naviguant
ἐπάγεσθαι κυνίδια Μελιταῖα	d'emmener des petits-chiens de-Mélite
καὶ πιθήκους	et des singes
πρὸς παραμυθίαν τοῦ πλοῦ,	pour consolation de la navigation,
πλέων τις	un certain naviguant
εἶχε σὺν ἑαυτῷ	avait avec lui
καὶ Πίθηκον.	aussi un Singe.
Αὐτῶν δὲ γενομένων	Or eux étant arrivés
κατὰ τὸ Σούνιον,	près de Sunium,
τὸ ἀκρωτήριον τῆς Ἀττικῆς,	le promontoire de l'Attique,
συνέβη	il arriva
χειμῶνα σφοδρὸν	une tempête violente
γενέσθαι.	avoir lieu.
Τῆς δὲ νεὼς περιτραπείσης,	Alors le navire ayant été renversé,
καὶ πάντων διακολυμβώντων,	et tous nageant-à-travers *les flots*,
καὶ ὁ Πίθηκος ἐνήχετο.	le Singe aussi nageait.
Δελφὶς δέ τις	Or un certain Dauphin
θεασάμενος αὐτὸν,	ayant vu lui,
καὶ ὑπολαβὼν	et ayant soupçonné
εἶναι ἄνθρωπον,	*lui* être un homme,
ἐπελθὼν	s'étant approché
ἀνεῖχε διακομίζων	*le* soutint en *le* transportant
ἐπὶ τὴν χέρσον.	vers le continent.
Ὡς δὲ ἐγένετο	Mais lorsqu'il fut
κατὰ τὸν Πειραιᾶ,	près du Pirée,
τὸ ἐπίνειον τῶν Ἀθηναίων,	le port des Athéniens,
ἐπυνθάνετο τοῦ Πιθήκου,	il demandait au Singe,
εἰ ἔστιν Ἀθηναῖος	si il est Athénien
τὸ γένος.	*quant* à la naissance

εἰπόντος, καὶ λαμπρῶν ἐνταῦθα τετυχηκέναι γονέων, ἐπανήρετο, εἰ καὶ τὸν Πειραιᾶ ἐπίσταται. Ὑπολαβὼν δὲ ὁ Πίθηκος περὶ ἀνθρώπου αὐτὸν λέγειν, ἔφη, καὶ μάλα φίλον εἶναι αὐτῷ, καὶ συνήθη. Καὶ ὁ Δελφὶς, ἐπὶ τοσούτῳ ψεύδει ἀγανακτήσας, βαπτίζων αὐτὸν ἀπέκτεινεν.

Ἐπιμύθιον. Ὁ μῦθος πρὸς ἄνδρας, οἳ, τὴν ἀλήθειαν οὐκ εἰδότες, ἀπατᾶν νομίζουσιν.

ci lui ayant répondu qu'il avait même en cette ville des parents dans une haute position, le Dauphin lui demanda ensuite s'il connaissait le Pirée. Le Singe, croyant qu'il lui parlait d'un homme, lui répondit qu'il était de ses amis, et même des plus intimes. Le Dauphin, indigné d'un tel mensonge, le fit périr en le replongeant dans les flots.

Morale. Cette fable s'adresse aux hommes, qui, ne sachant pas la vérité, pensent tromper.

ΜΥΘΟΣ ΛΕ'.

ΓΥΝΗ.

Γυνή τις ἄνδρα μέθυσον εἶχε. Τοῦ δὲ πάθους αὐτὸν ἀπαλλάξαι θέλουσα, τοιόνδε τι σοφίζεται. Κεχαρωμένον γὰρ αὐτὸν ὑπὸ τῆς μέθης παρατηρήσασα, καὶ νεκροῦ δίκην ἀναισθητοῦντα, ἐπ' ὤμων ἄρασα, ἐπὶ τὸ πολυάνδριον ἀπενεγκοῦσα κατέθετο, καὶ ἀπῆλθεν. Ἡνίκα δ' αὐτὸν ἤδη ἀνανήφειν ἐστοχάσατο, προσελθοῦσα, τὴν θύραν ἔκοπτε τοῦ πολυανδρίου. Ἐκείνου δὲ φήσαν-

FABLE XXXV.

LA FEMME.

Une Femme avait un mari ivrogne. Voulant le guérir de cette passion, elle imagina le moyen suivant. L'ayant surpris profondément endormi dans l'ivresse, privé de tout sentiment comme un mort, elle le prit sur ses épaules, le transporta dans le cimetière, l'y déposa et s'en alla. Ensuite quand elle présuma qu'il était revenu de son ivresse, elle revint et frappa à la porte du cimetière. Son mari s'écria alors:

FABLE 35.

Τοῦ δὲ εἰπόντος	Or celui-ci ayant dit
τετυχηκέναι καὶ	s'être trouvé même *issu*
γονέων λαμπρῶν ἐνταῦθα,	de parents illustres là,
ἐπυνήρετο	il demanda-de-nouveau
εἰ ἐπίσταται καὶ τὸν Πειραιᾶ.	si il connaît aussi le Pirée.
Ὁ δὲ Πίθηκος ὑπολαβὼν	Et le Singe ayant présumé
αὐτὸν λέγειν περὶ ἀνθρώπου,	lui parler d'un homme,
φη εἶναι καὶ αὐτῷ	dit être même à lui
μάλα φίλον καὶ συνήθη.	beaucoup ami et familier.
Καὶ ὁ Δελφὶς ἀγανακτήσας	Et le Dauphin s'étant indigné
ἐπὶ ψεύδει τοσούτῳ,	sur un mensonge si grand,
ἀπέκτεινεν αὐτὸν βαπτίζων.	fit-mourir lui en *le* plongeant.
Ἐπιμύθιον.	*Morale.*
Ὁ μῦθος	La fable *s'adresse*
πρὸς ἄνδρας, οἵ,	aux hommes, qui,
οὐκ εἰδότες τὴν ἀλήθειαν,	ne sachant pas la vérité,
νομίζουσιν ἀπατᾶν.	pensent tromper

FABLE 35.

ΓΥΝΗ.	LA FEMME
Τὶς γυνὴ	Une certaine Femme
εἶχεν ἄνδρα μέθυσον.	avait un mari ivrogne.
Θέλουσα δὲ ἀπαλλάξαι	Or voulant délivrer
αὐτὸν τοῦ πάθους,	lui de la passion,
σοφίζεταί τι τοιόνδε.	elle imagine quelque-chose tel.
Παρατηρήσασα γὰρ αὐτὸν	En effet ayant observé lui
κεκαρωμένον ὑπὸ τῆς μέθης,	endormi-profondément par l'ivresse,
καὶ ἀναισθητοῦντα	et privé-de-sentiment
δίκην νεκροῦ,	à la manière d'un mort,
ἄρασα ἐπὶ ὤμων,	l'ayant élevé sur les épaules *d'elle*,
ἐπενεγκοῦσα ἐπὶ τὸ πολυάνδριον	l'ayant transporté dans le cimetière
κατέθετο, καὶ ἀπῆλθεν.	elle *l'y* déposa, et s'en alla.
Ἡνίκα δὲ ἐστοχάσατο	Puis quand elle conjectura
αὐτὸν ἤδη ἀνανήφειν,	lui déjà se désenivrer,
προσελθοῦσα,	s'étant approchée,
ἔκοπτε τὴν θύραν τοῦ πολυανδρίου.	elle frappa la porte du cimetière.
Ἐκείνου δὲ φήσαντος·	Mais celui-là ayant dit :

ΜΥΘΟΣ ΛΓ'

τος· « Τίς δ τὴν θύραν κόπτων; » ἡ Γυνὴ ἀπεκρίνατο· «Ὁ τοῖς νεκροῖς τὰ σιτία κομίζων ἐγὼ πάρειμι.» Κἀκεῖνος· «Μή μοι φαγεῖν, ἀλλὰ πιεῖν, ὦ βέλτιστε, μᾶλλον προσένεγκε· λυπεῖς γάρ με βρώσεως, ἀλλὰ μὴ πόσεως, μνημονεύων.» Ἡ δὲ τὸ στῆθος πατάξασα· «Οἴμοι τῇ δυστήνῳ, φησίν· οὐδὲν γάρ, οὐδὲ σοφισαμένη, ὤνησα· σὺ γάρ, ἄνερ, οὐ μόνον οὐκ ἐπαιδεύθης, ἀλλὰ καὶ χείρων σαυτοῦ γέγονας, εἰς ἕξιν σοι καταστάντος τοῦ πάθους.»

Ἐπιμύθιον. Ὁ μῦθος δηλοῖ ὅτι οὐ δεῖ ταῖς κακαῖς πράξεσιν ἐγχρονίζειν. Ἔστι γὰρ ὅτε καὶ μὴ θέλοντι τῷ ἀνθρώπῳ τὸ ἔθος ἐπιτίθεται.

« Qui frappe à la porte? » Sa femme lui répondit : « C'est moi, moi qui apporte à manger aux morts. » Il lui réplique : « Mon cher, ce n'est pas à manger qu'il faut m'apporter, mais plutôt à boire ; car tu m'affliges en me parlant de nourriture et non de boisson. » La Femme, se frappant la poitrine, s'écrie alors : « Que je suis malheureuse ! car je n'ai rien gagné à ma ruse, puisque toi, mon mari, non-seulement tu ne t'es pas corrigé, mais tu es même devenu pire que tu n'étais, la passion étant passée chez toi en habitude. »

Morale. Cette fable montre qu'il ne faut pas rester longtemps dans le mal; car il vient un moment où il est devenu une habitude chez l'homme malgré lui.

ΜΥΘΟΣ ΛϚ'.

ΛΕΩΝ ΚΑΙ ΛΥΚΟΣ ΚΑΙ ΑΛΩΠΗΞ.

Λέων γηράσας ἐνόσει, κατακεκλιμένος ἐν ἄντρῳ. Παρῆσαν

FABLE XXXVI.

LE LION, LE LOUP ET LE RENARD.

Un Lion devenu vieux était malade, étendu dans un antre. Tous les

FABLE 36.

« Τίς ὁ κόπτων τὴν θύραν; »	« Quel *est* celui frappant la porte? »
Ἡ γυνὴ ἀπεκρίνατο·	La Femme répondit :
« Ἐγὼ πάρειμι ὁ κομίζων	« Moi je suis-présent celui portant
τὰ σιτία τοῖς νεκροῖς. »	les vivres aux morts. »
Καὶ ἐκεῖνος· « Ὦ βέλτιστε,	Et celui-là *dit :* « O très-cher,
προσένεγκέ μοι μὴ φαγεῖν,	apporte à moi non à manger,
ἀλλὰ μᾶλλον πιεῖν·	mais plutôt à boire ;
λυπεῖς γάρ με	car tu affliges moi
μνημονεύων βρώσεως,	*me* faisant-ressouvenir de nourriture,
ἀλλὰ μὴ πόσεως. »	mais non de boisson. »
Ἡ δὲ πατάξασα	Or celle-ci ayant frappé
τὸ στῆθος·	la poitrine *d'elle :*
« Οἴμοι τῇ δυστήνῳ,	« Hélas à moi la malheureuse,
φησίν·	dit-elle ;
ὤνησα γὰρ οὐδὲν,	car je n'ai gagné rien,
οὐδὲ σοφισαμένη·	pas-même ayant trompé ;
σὺ γὰρ, ἄνερ,	toi en effet, homme,
οὐ μόνον	non-seulement
οὐκ ἐπαιδεύθης,	tu n'as pas été instruit. (corrigé.)
ἀλλὰ καὶ γέγονας	mais encore tu es devenu
χείρων σαυτοῦ,	pire que toi-même,
τοῦ πάθους καταστάντος	la passion s'étant établie
εἰς ἕξιν σοι. »	en habitude à toi. »
Ἐπιμύθιον.	*Morale.*
Ὁ μῦθος δηλοῖ ὅτι	La fable montre que
οὐ δεῖ	il ne faut pas
ἐγχρονίζειν	rester-longtemps-dans
ταῖς πράξεσι κακαῖς.	les actions mauvaises.
Ἔστι γὰρ ὅτε	Car il est *un temps* que
τὸ ἔθος ἐπιτίθεται	la coutume se place-sur (s'impose-à)
τῷ ἀνθρώπῳ καὶ μὴ θέλοντι.	l'homme même ne voulant pas.

FABLE 36.

| ΛΕΩΝ ΚΑΙ ΛΥΚΟΣ | LE LION ET LE LOUP |
| ΚΑΙ ΑΛΩΠΗΞ. | ET LE RENARD. |

Λέων γηράσας ἐνόσει,	Un Lion ayant vieilli était malade,
κατακεκλιμένος ἐν ἄντρῳ.	étant couché dans un antre.

δ' ἐπισκεψόμενα τὸν βασιλέα, πλὴν Ἀλώπεκος, τἄλλα τῶν ζώων. Ὁ τοίνυν Λύκος, λαβόμενος εὐκαιρίας, κατηγόρει παρὰ τῷ Λέοντι τῆς Ἀλώπεκος, ἅτε δὴ παρ' οὐδὲν τιθεμένης τὸν πάντων αὐτῶν κρατοῦντα, καὶ διὰ ταῦτα μηδ' εἰς ἐπίσκεψιν ἀφιγμένης. Ἐν τοσούτῳ δὲ παρῆν καὶ ἡ Ἀλώπηξ, καὶ τῶν τελευταίων ἠκροάσατο τοῦ Λύκου ῥημάτων. Ὁ μὲν οὖν Λέων κατ' αὐτῆς ἐβρυχᾶτο. Ἡ δ', ἀπολογίας καιρὸν αἰτήσασα· « Καὶ τίς, ἔφη, τῶν συνελθόντων τοσοῦτον ὠφέλησεν, ὅσον ἐγὼ, πανταχόσε περινοστήσασα, καὶ θεραπείαν ὑπὲρ σοῦ παρ' ἰατροῦ ζητήσασα, καὶ μαθοῦσα; » Τοῦ δὲ Λέοντος εὐθὺς τὴν θεραπείαν εἰπεῖν κελεύσαντος, ἐκείνη φησίν· « Εἰ Λύκον ζῶντα ἐκδείρας, τὴν αὐτοῦ δορὰν θερμὴν ἀμφιέσῃ. » Καὶ τοῦ Λύκου κειμένου, ἡ

autres animaux, excepté le Renard, étaient venus visiter le roi. Le Loup, saisissant donc l'occasion favorable, accusa le renard auprès du lion, lui reprochant de ne point faire cas de leur souverain, et, pour cette raison, de n'être point venu lui faire visite. Mais à l'instant même arriva le Renard qui avait entendu les dernières paroles du Loup. Le Lion était donc furieux contre lui. Mais le Renard demanda la permission de se justifier. « Et de tous ceux qui sont venus ici, quel est celui qui a été aussi utile que moi qui ai voyagé partout, qui ai cherché un médecin et appris de lui un remède pour toi? » Alors le Lion lui ordonna aussitôt de dire quel était ce remède. Le Renard lui répondit : « C'est d'écorcher un loup vivant et d'en revêtir la peau toute chaude. » Et comme le Loup était étendu à terre, le Renard lui dit par

FABLE 36.

Τὰ δὲ ἄλλα τῶν ζώων,	Or les autres des animaux,
πλὴν Ἀλώπεκος,	excepté un Renard,
παρῆσαν	étaient présents
'πισκεψόμενα τὸν βασιλέα.	devant visiter le roi d'*eux*.
Ὁ τοίνυν Λύκος λαβόμενος	Le Loup donc ayant pris
εὐκαιρίας,	l'occasion-favorable,
κατηγόρει τῆς Ἀλώπεκος	accusait le Renard
παρὰ τῷ Λέοντι,	auprès du Lion,
ἅτε δὴ	comme certes *lui*
τιθεμένης παρὰ οὐδὲν	plaçant en comparaison de rien
τὸν κρατοῦντα αὐτῶν πάντων,	celui étant-maître d'eux tous,
καὶ διὰ ταῦτα	et à cause de ces-choses
μηδὲ ἀφιγμένης	n'étant pas même venu
εἰς ἐπίσκεψιν.	pour la visite.
Ἐν τοσούτῳ δὲ	Mais dans le même-moment
καὶ ἡ Ἀλώπηξ παρῆν,	le Renard aussi était présent,
καὶ ἠκροάσατο	et il avait entendu
τῶν ῥημάτων τελευταίων	les paroles dernières
τοῦ λύκου.	du Loup.
Ὁ λέων μὲν οὖν	Le Lion donc à la vérité
ἐβρυχᾶτο κατὰ αὐτῆς.	rugissait contre lui.
Ἡ δὲ αἰτήσασα	Mais lui, ayant demandé
καιρὸν ἀπολογίας·	un moment d'apologie :
« Καὶ τίς, ἔφη,	« Et qui, dit-il,
τῶν συνελθόντων	de ceux étant venus-ensemble
ὠφέλησε τοσοῦτον	a été-utile autant
ὅσον ἐγώ,	que moi *j'ai été utile*,
περινοστήσασα πανταχόσε,	ayant voyagé partout,
καὶ ζητήσασα	et ayant cherché
καὶ μαθοῦσα παρὰ ἰατροῦ	et ayant appris d'un médecin
θεραπείαν ὑπὲρ σοῦ; »	un remède pour toi ? »
Τοῦ δὲ Λέοντος εὐθὺς	Alors le Lion aussitôt
κελεύσαντος	ayant ordonné *lui*
εἰπεῖν τὴν θεραπείαν,	dire le remède,
ἐκείνη φησίν·	celui-là dit :
« Εἰ ἐκδείρας	« Si ayant écorché
λύκον ζῶντα	un loup vivant
ἀμφιέσῃ	tu revêtiras
τὴν δορὰν θερμὴν αὐτοῦ. »	la peau chaude de lui »
Καὶ τοῦ Λύκου κειμένου,	Et le Loup étant étendu,

ΜΥΘΟΣ ΛΘ'.

Ἀλώπηξ γελῶσα εἶπεν· «Οὕτως οὐ χρὴ τὸν δεσπότην πρὸς δυσμένειαν παρακινεῖν, ἀλλὰ πρὸς εὐμένειαν.»

Ἐπιμύθιον. Ὁ μῦθος δηλοῖ ὅτι ὁ καθ' ἑτέρου μηχανώμενος καθ' ἑαυτοῦ τὴν πάγην περιτρέπει.

dérision : « C'est ainsi qu'il faut exciter le souverain non au mal, mais à la bonté. »

Morale. Cette fable montre que celui qui fait des machinations contre un autre, tombe lui-même dans le piége.

ΜΥΘΟΣ ΛΖ'.
ΞΥΛΕΥΟΜΕΝΟΣ ΚΑΙ ΕΡΜΗΣ

Ξυλευόμενός τις παρὰ τῷ ποταμῷ τὸν οἰκεῖον ἀπέβαλε πέλεκυν. Ἀμηχανῶν τοίνυν, παρὰ τὴν ὄχθην καθίσας ὠδύρετο. Ἑρμῆς δὲ, μαθὼν τὴν αἰτίαν, καὶ οἰκτείρας τὸν ἄνθρωπον, καταδὺς εἰς τὸν ποταμὸν, χρυσοῦν ἀνήνεγκε πέλεκυν, καὶ, εἰ οὗτός ἐστιν, ὃν ἀπώλεσεν, ἤρετο. Τοῦ δὲ, μὴ τοῦτον εἶναι, φαμένου, αὖθις καταβὰς, ἀργυροῦν ἀνεκόμισε. Τοῦ δὲ, μὴ τοῦτον εἶναι

FABLE XXXVII.
LE BUCHERON ET MERCURE.

Un Bûcheron, en coupant du bois auprès d'un fleuve, y avait laissé tomber sa hache. Ne sachant donc que faire, il s'était assis sur la rive et se lamentait. Mercure, instruit du motif de ses plaintes, eut pitié de l'homme, descendit dans le fleuve et en retira une hache d'or, puis il lui demanda si c'était celle qu'il avait perdue. Le Bûcheron lui ayant dit que ce n'était point la sienne, Mercure descendit

ἡ Ἀλώπηξ γελῶσα εἶπεν·	le Renard riant *lui* dit :
« Οὕτω χρὴ	« Ainsi il faut
παρακινεῖν τὸν δεσπότην	exciter le maître
οὐ πρὸς δυσμένειαν,	non à la malveillance,
ἀλλὰ πρὸς εὐμένειαν. »	mais à la bienveillance.
Ἐπιμύθιον.	*Morale.*
Ὁ μῦθος δηλοῖ ὅτι	La fable montre que
ὁ μηχανώμενος	celui machinant
κατὰ ἑτέρου,	contre un autre,
περιτρέπει τὴν πάγην	tourne le piége
κατὰ ἑαυτοῦ.	contre lui-même.

FABLE 37.

ΞΥΛΕΥΟΜΕΝΟΣ ΚΑΙ ΕΡΜΗΣ.   LE BUCHERON ET MERCURE.

Τὶς ξυλευόμενος	Quelqu'un coupant-du-bois
παρὰ τῷ ποταμῷ	auprès d'un fleuve,
ἀπέβαλε	laissa-tomber
τὸν οἰκεῖον πέλεκυν.	la propre hache *de lui.*
Ἀμηχανῶν τοίνυν,	Donc étant-dans-l'embarras,
καθίσας παρὰ τὴν ὄχθην,	s'étant assis sur la rive,
ὠδύρετο.	il se lamentait.
Ἑρμῆς δὲ,	Mercure alors
μαθὼν τὴν αἰτίαν,	ayant appris la cause,
καὶ οἰκτείρας τὸν ἄνθρωπον,	et ayant eu-pitié de l'homme,
καταδὺς εἰς τὸν ποταμὸν,	étant descendu dans le fleuve,
ἀνήνεγκε πέλεκυν χρυσοῦν,	retira une hache d'-or,
καὶ ἤρετο,	et il *lui* demanda,
εἰ ἔστιν οὗτος	si c'est celle
ὃν ἀπώλεσε.	laquelle il a perdue.
Τοῦ δὲ φαμένου	Et lui ayant dit
μὴ εἶναι τοῦτον,	n'être point celle-là,
καταβὰς αὖθις,	étant descendu de nouveau,
ἀνεκόμισεν ἀργυροῦν.	il rapporta *une* d'-argent.
Τοῦ δὲ εἰπόντος	Et lui ayant dit
τοῦτον μηδὲ εἶναι	celle-là n'être pas non plus
τὸν οἰκεῖον,	celle propre (la sienne),

τὸν οἰκεῖον εἰπόντος, ἐκ τρίτου καταβὰς, ἐκεῖνον τὸν οἰκεῖον ἀνήνεγκε. Τοῦ δὲ τοῦτον ἀληθῶς εἶναι τὸν ἀπολωλότα φαμένου, Ἑρμῆς, ἀποδεξάμενος αὐτοῦ τὴν δικαιοσύνην, ἅπαντας αὐτῷ ἐδωρήσατο. Ὁ δὲ παραγενόμενος πάντα τοῖς ἑταίροις τὰ συμβάντα διεξελήλυθεν. Ὧν εἷς τις τὰ ἴσα διαπράξασθαι ἐβουλεύσατο, καὶ παρὰ τὸν ποταμὸν ἐλθὼν, καὶ τὴν οἰκείαν ἀξίνην ἐξεπίτηδες ἀφεὶς εἰς τὸ ῥεῦμα, κλαίων ἐκάθητο. Ἐπιφανεὶς οὖν Ἑρμῆς κἀκείνῳ, καὶ τὴν αἰτίαν μαθὼν τοῦ θρήνου, καταβὰς ὁμοίως, χρυσῆν ἀξίνην ἐξήνεγκε, καὶ ἤρετο, εἰ ταύτην ἀπέβαλε. Τοῦ δὲ σὺν ἡδονῇ, « Ναὶ ἀληθῶς ἥδ' ἐστὶ, » φήσαντος, μισήσας ὁ θεὸς τὴν τοσαύτην ἀναίδειαν, οὐ μόνον ἐκείνην κατέσχεν, ἀλλ' οὐδὲ τὴν οἰκείαν ἀπέδωκεν.

Ἐπιμύθιον. Ὁ μῦθος δηλοῖ ὅτι, ὅσον τοῖς δικαίοις τὸ θεῖον συναίρεται, τοσοῦτον τοῖς ἀδίκοις ἐναντιοῦται.

de nouveau dans le fleuve et en rapporta une d'argent. Le Bûcheron lui ayant dit que ce n'était pas encore la sienne, Mercure descendit une troisième fois, et en retira celle du Bûcheron. L'autre lui ayant dit que c'était bien véritablement la sienne, celle qu'il avait perdue, le dieu, content de sa probité, les lui donna toutes trois. Le Bûcheron, de retour auprès de ses camarades, leur raconta ce qui lui était arrivé. Un d'eux résolut d'en faire autant; et étant allé sur le bord du fleuve, il laissa tomber à dessein sa propre hache dans le courant, et se mit à pleurer, assis sur la rive. Mercure se présenta donc à lui, et informé du motif de sa douleur, il descendit dans le fleuve comme la première fois, en rapporta une hache d'or, et demanda à l'autre si c'était celle qu'il avait perdue. Celui-ci lui ayant répondu avec joie, « oui, c'est bien celle-ci, » le dieu, indigné d'une telle impudence, non-seulement retint la première, mais ne lui rendit pas même la sienne.

Morale. Cette fable montre que, autant la divinité aime à secourir les justes, autant elle est peu favorable aux méchants.

FABLE 37.

καταβὰς ἐκ τρίτου,	étant descendu une troisième fois,
ἀνήνεγκεν ἐκεῖνον τὸν οἰκεῖον.	il retira celle-là la *sienne* propre.
Τοῦ δὲ φαμένου	Et lui ayant dit,
τοῦτον εἶναι ἀληθῶς	celle-là être véritablement
τὸν ἀπολωλότα,	celle ayant été perdue,
Ἑρμῆς ἀποδεξάμενος	Mercure ayant approuvé
τὴν δικαιοσύνην αὐτοῦ,	la justice de lui,
ἐδωρήσατο ἅπαντας αὐτῷ.	donna-en-présent toutes à lui.
Ὁ δὲ παραγενόμενος	Puis lui s'étant approché
διεξελήλυθε	raconta-en-détail
τοῖς ἑταίροις	aux compagnons *de lui*
πάντα τὰ συμβάντα.	toutes les-choses arrivées.
Ὧν εἷς τις	Desquels un certain
ἐβουλεύσατο διαπράξασθαι	résolut de faire
τὰ ἴσα,	les-choses pareilles,
καὶ ἐλθὼν παρὰ τὸν ποταμόν,	et étant venu près du fleuve,
καὶ ἀφεὶς ἐξεπίτηδες	et ayant lâché à dessein,
τὴν οἰκείαν ἀξίνην	la propre hache *de lui*
εἰς τὸ ῥεῦμα,	dans le courant,
ἐκάθητο κλαίων.	il était assis pleurant.
Ὁ οὖν Ἑρμῆς	Mercure donc
ἐπιφανεὶς καὶ ἐκείνῳ,	s'étant fait-voir aussi à lui,
καὶ μαθὼν τὴν αἰτίαν τοῦ θρήνου,	et ayant appris la cause du deuil *de lui*,
καταβὰς ὁμοίως,	étant descendu semblablement,
ἐξήνεγκεν ἀξίνην χρυσῆν,	retira une hache d'-or,
καὶ ᾔρετο,	et il demanda
εἰ ἀπέβαλε ταύτην.	si il avait laissé-tomber celle-ci.
Τοῦ δὲ φήσαντος σὺν ἡδονῇ,	Et celui-ci ayant dit avec joie,
« Ναὶ ἐστὶν ἀληθῶς ἥδε, »	« Oui c'est véritablement celle-ci, »
ὁ θεὸς μισήσας	le dieu ayant haï
τὴν ἀναίδειαν τοσαύτην,	l'impudence si grande *de lui*,
οὐ μόνον κατέσχεν ἐκείνην,	non-seulement retint celle-ci,
ἀλλὰ οὐδὲ ἀπέδωκε	mais il ne rendit pas-même
τὴν οἰκείαν.	celle propre *de lui*.
Ἐπιμύθιον.	Morale.
Ὁ μῦθος δηλοῖ ὅτι	La fable montre que
ὅσον τὸ θεῖον	autant la divinité
συναίρεται τοῖς δικαίοις,	porte-secours aux justes,
τοσοῦτον ἐναντιοῦται	autant elle est-contraire
τοῖς ἀδίκοις.	à ceux *étant* injustes.

ΜΥΘΟΣ ΛΗ'.

ΑΕΤΟΣ ΚΑΙ ΑΛΩΠΗΞ.

Ἀετὸς καὶ Ἀλώπηξ φιλιωθέντες, πλησίον ἀλλήλων οἰκεῖν ἔγνωσαν, βεβαίωσιν φιλίας ποιούμενοι τὴν συνήθειαν. Ὁ μὲν οὖν ἐφ' ὑψηλοῦ δένδρου τὴν καλιὰν ἐπήξατο· ἡ δ' Ἀλώπηξ ἐν τοῖς ἔγγιστα θάμνοις ἐτεκνοποιήσατο. Ἐπὶ νομὴν οὖν ποτε τῆς Ἀλώπεκος προελθούσης, ὁ Ἀετὸς, τροφῆς ἀπορῶν, καταπτὰς ἐπὶ τῶν θάμνων, καὶ τὰ τέκνα ταύτης ἀναρπάσας, ἅμα τοῖς αὑτοῦ νεοττοῖς ἐθοινήσατο. Ἡ δ' Ἀλώπηξ ἐπανελθοῦσα, καὶ τὸ πραχθὲν μαθοῦσα, οὐ τοσοῦτον ἐπὶ τῷ τῶν τέκνων ἠνιάθη θανάτῳ, ὅσον ἐπὶ τῷ τῆς ἀμύνης ἀπόρῳ· χερσαία γὰρ οὖσα, πτηνὸν διώκειν οὐχ οἵα τε ἦν. Διὸ καὶ πόρρωθεν στᾶσα, τοῦθ' ὃ καὶ τοῖς ἀδυνάτοις ἐστὶν εὔπορον, τῷ ἐχθρῷ κατηρᾶτο. Οὐ πολλῷ δ' ὕστερον, αἰγά τινων ἐπ' ἀγροῦ θυόντων, καταπτὰς ὁ Ἀετὸς, μέρος τι τῶν

FABLE XXXVIII.

L'AIGLE ET LE RENARD.

Un Aigle et un Renard, s'étant liés d'amitié, résolurent d'habiter l'un près de l'autre, voulant que la familiarité fût le fondement de leur liaison. Le premier donc bâtit son aire au sommet d'un arbre; et le second fit ses petits dans des broussailles très-près de lui. Le Renard étant un jour allé chercher pâture, l'Aigle, qui manquait de nourriture, s'abattit sur les broussailles, enleva les petits du Renard et s'en régala avec les siens. Le Renard, à son retour, ayant appris ce qui était arrivé, fut moins affligé de la mort de ses petits, que de l'impossibilité de se venger; car, étant un animal vivant sur la terre, il ne pouvait poursuivre un animal qui volait. C'est pourquoi, se tenant de loin, il maudissait son ennemi, ce qui pour les faibles est chose facile. Peu de temps après, comme on immolait une chèvre dans un champ, l'aigle s'abattit dessus, et enleva une partie de la victime avec

FABLE 38.

ΑΕΤΟΣ ΚΑΙ ΑΛΩΠΗΞ. L'AIGLE ET LE RENARD.

Ἀετὸς καὶ Ἀλώπηξ	Un Aigle et un Renard
φιλιωθέντες,	ayant été faits-amis,
ἔγνωσαν οἰκεῖν	résolurent d'habiter
πλησίον ἀλλήλων,	près l'un de l'autre,
ποιούμενοι τὴν συνήθειαν	faisant la familiarité
βεβαίωσιν φιλίας.	fondement de l'amitié.
Ὁ μὲν οὖν	Celui-là donc d'un côté
ἐπήξατο τὴν καλιὰν	bâtit l'aire *de lui*
ἐπὶ δένδρου ὑψηλοῦ·	sur un arbre élevé ;
ἡ δὲ Ἀλώπηξ	le Renard de l'autre
ἐτεχνοποιήσατο	fit-ses-petits
ἐν τοῖς θάμνοις ἔγγιστα.	dans les buissons très-près.
Τῆς Ἀλώπεκος οὖν ποτε	Le Renard donc un jour
προελθούσης ἐπὶ νομήν,	étant sorti pour la pâture,
ὁ Ἀετὸς ἀπορῶν τροφῆς,	L'Aigle manquant de nourriture,
καταπτὰς ἐπὶ τῶν θάμνων,	ayant volé-en-bas sur les buissons,
καὶ ἀναρπάσας	et ayant enlevé
τὰ τέκνα ταύτης,	les petits de celui-là,
ἐθοινήσατο	se régala
ἅμα τοῖς νεοττοῖς αὑτοῦ.	avec les petits de lui-même.
Ἡ δὲ Ἀλώπηξ ἐπανελθοῦσα,	Or le Renard étant revenu,
καὶ μαθοῦσα τὸ πραχθὲν,	et ayant appris la-chose faite,
οὐκ ἠνιάθη τοσοῦτον	ne fut pas attristé autant
ἐπὶ τῷ θανάτῳ τῶν τέκνων,	sur la mort des enfants *de lui*,
ὅσον ἐπὶ τῷ ἀπόρῳ	que sur l'impossibilité
τῆς ἀμύνης·	de la vengeance ;
οὖσα γὰρ χερσαία,	car étant terrestre,
οὐκ ἦν οἷά τε	il n'était pas capable
διώκειν πτηνόν.	de poursuivre un *animal* ailé.
Καὶ διὸ στᾶσα πόῤῥωθεν,	Et pour cela se tenant de loin,
κατηρᾶτο τῷ ἐχθρῷ,	il maudissait l'ennemi *de lui*,
τοῦτο δ' ἐστιν εὔπορον καὶ τοῖς ἀδυ-	ce qui est facile même aux faibles
Οὐ πολλῷ δὲ ὕστερον, [νάτοις.	Mais non beaucoup ensuite,
τινῶν θυόντων	certains immolant
αἶγα ἐπὶ ἀγροῦ,	une chèvre dans un champ,
ὁ Ἀετὸς καταπτὰς	l'Aigle ayant volé-en-bas,

ΜΥΘΟΣ ΛΘ'

θυμάτων σὺν ἐμπύροις ἄνθραξιν ἥρπασε, κἀπὶ τὴν νεοττιὰν ἤγαγεν. Ἀνέμου δὲ σφοδροῦ πνεύσαντος τηνικαῦτα, καὶ φλογὸς ἀναδοθείσης, οἱ ἀετιδεῖς, ἀπτῆνες ἔτι τυγχάνοντες, ὀπτηθέντες εἰς γῆν κατέπεσον. Ἡ δ' Ἀλώπηξ ἐπιδραμοῦσα, ἐν ὄψει τοῦ Ἀετοῦ πάντας κατέφαγεν.

Ἐπιμύθιον. Ὁ μῦθος δηλοῖ ὅτι οἱ φιλίαν παρασπονδοῦντες, κἂν τὴν ἐκ τῶν ἠδικημένων φύγωσι τιμωρίαν, δι' ἀσθένειαν, ἀλλὰ τήν γε θείαν δίκην οὐ διακρούσονται.

des charbons allumés, et l'emporta dans son nid. Le vent étant alors venu à souffler avec violence, la flamme se propagea; et les aiglons, qui étaient encore incapables de voler, furent tous rôtis et tombèrent à terre. Le Renard accourut alors et les dévora tous à la vue de l'aigle.

Morale. Cette fable montre que ceux qui violent les lois de l'amitié, quoiqu'ils échappent à la vengeance de ceux qu'ils ont maltraités à cause de leur faiblesse, ne peuvent du moins se soustraire à la vengeance divine.

ΜΥΘΟΣ ΛΘ'.

ΛΥΚΟΙ ΚΑΙ ΠΡΟΒΑΤΑ.

Καθ' ὃν χρόνον ὁμόφωνα ἦν τὰ ζῶα, πόλεμον οἱ Λύκοι τοῖς Προβάτοις συνῆψαν. Τῶν δὲ κυνῶν συμμαχούντων τοῖς θρέμμασι, καὶ τοὺς Λύκους ἀποσοβούντων, οἱ Λύκοι, πρεσβευτὴν ἀποστείλαντες, ἔφασαν τοῖς Πρόβασιν, εἰ βούλοιντο βιοῦν ἐν εἰρήνῃ, καὶ μηδένα πόλεμον ὑποπτεύειν, τοὺς κύνας αὐτοῖς ἐκ-

FABLE XXXIX.

LES LOUPS ET LES BREBIS.

Dans le temps que les animaux avaient le même langage, les Loups firent la guerre aux Brebis. Les chiens ayant combattu avec elles et ayant repoussé les Loups, ces derniers envoyèrent un député aux brebis pour leur dire que si elles voulaient vivre en paix sans avoir **aucune** guerre à craindre, il fallait leur livrer les chiens Les **Brebis**

ἥρπασέ τι μέρος τῶν θυμάτων	enleva quelque partie des victimes
σὺν ἄνθραξιν ἐμπύροις,	avec des charbons allumés,
καὶ ἤγαγεν ἐπὶ τὴν νεοττιάν.	et *la* porta vers le nid *de lui*.
Ἀνέμου δὲ σφοδροῦ	Or un vent violent
πνεύσαντος τηνικαῦτα,	ayant soufflé alors,
καὶ φλογὸς ἀναδοθείσης,	et la flamme s'étant répandue,
οἱ ἀετιδεῖς, τυγχάνοντες	les aiglons se trouvant
ἀπτῆνες ἔτι, ὀπτηθέντες,	sans-ailes encore, ayant été rôtis,
κατέπεσον εἰς γῆν.	tombèrent sur la terre.
Ἡ δὲ Ἀλώπηξ ἐπιδραμοῦσα,	Et le Renard étant accouru,
κατέφαγε πάντας	*les* dévora tous
ἐν ὄψει τοῦ ἀετοῦ.	à la vue de l'aigle.
Ἐπιμύθιον.	*Morale.*
Ὁ μῦθος δηλοῖ ὅτι	La fable montre que
οἱ παρασπονδοῦντες φιλίαν,	ceux qui violent l'amitié,
καὶ ἐὰν φύγωσι τὴν τιμωρίαν	quoique ils aient fui la vengeance
τὴν ἐκ τῶν	de la part de ceux
ἠδικημένων,	ayant été maltraités,
διὰ ἀσθένειαν,	à cause de *leur* faiblesse,
ἀλλά γε οὐ διακρούσονται	mais du moins ils n'éviteront pas
τὴν δίκην θείαν.	la justice divine.

FABLE 39.

ΛΥΚΟΙ ΚΑΙ ΠΡΟΒΑΤΑ.	LES LOUPS ET LES BREBIS.
Κατὰ ὃν χρόνον	*Dans le temps* dans lequel temps
τὰ ζῶα ἦν	les animaux étaient
ὁμόφωνα,	ayant-le-même-langage,
οἱ Λύκοι συνῆψαν	les Loups engagèrent
πόλεμον τοῖς Προβάτοις.	une guerre avec les Brebis.
Τῶν δὲ κυνῶν συμμαχούντων	Mais les chiens combattant-avec
τοῖς θρέμμασι,	les nourrissons
καὶ ἀποσοβούντων τοὺς Λύκους,	et repoussant les Loups,
οἱ Λύκοι	les Loups
ἀποστείλαντες πρεσβευτὴν,	ayant envoyé un député,
ἔφασαν τοῖς Πρόβασιν,	dirent aux Brebis,
εἰ βούλοιντο βιοῦν ἐν εἰρήνῃ,	si elles voulaient vivre dans la paix,
καὶ ὑποπτεύειν μηδένα πόλεμον,	et ne craindre aucune guerre,
ἐκδοῦναι αὐτοῖς τοὺς κύνας.	de livrer à eux les chiens.

δοῦναι. Τῶν δὲ Προβάτων ὑπ' ἀνοίας πεισθέντων, καὶ τοὺς κύνας ἐκδεδωκότων, οἱ Λύκοι τούς τε κύνας διεσπάραξαν, καὶ τὰ Πρόβατα ῥᾷστα διέφθειραν.

par sottise s'étant laissé persuader et ayant livré les chiens, les Loups mirent les chiens en pièces et dévorèrent facilement les Brebis.

ΜΥΘΟΣ Μ'.

ΟΔΟΙΠΟΡΟΙ.

Ὁδοιπόροι, κατά τινα αἰγιαλὸν ὁδεύοντες, ἦλθον ἐπί τινα σκοπιάν. Κἀκεῖθεν θεασάμενοι φρύγανα πόρρωθεν ἐπιπλέοντα, ναῦν εἶναι μεγάλην ᾠήθησαν. Διὸ δὴ προσέμενον, ὡς μελλούσης αὐτῆς προσορμίζεσθαι. Ἐπεὶ δὲ ὑπὸ ἀνέμου φερόμενα τὰ φρύγανα ἐγγυτέρω ἐγένετο, οὐκέτι ναῦν, ἀλλὰ πλοῖον ἐδόκουν βλέπειν. Ἐξενεχθέντα δὲ αὐτά, φρύγανα ὄντα ἰδόντες, πρὸς ἀλλήλους ἔφασαν· « Ὡς ἄρα μάτην ἡμεῖς τὸ μηδὲν ὂν προσεδεχόμεθα. »

Ἐπιμύθιον. Ὁ μῦθος δηλοῖ ὅτι τῶν ἀνθρώπων ἔνιοι, ἐξ ἀπροόπτου δοκοῦντες φοβεροὶ εἶναι, ὅταν εἰς πεῖραν ἔλθωσιν, οὐδενὸς εὑρίσκονται ἄξιοι.

FABLE XL.

LES VOYAGEURS

Des voyageurs, faisant route le long d'un rivage, arrivèrent sur une éminence, et de là ayant aperçu des sarments flottants dans le lointain, ils crurent que c'était un grand navire. Ils attendirent donc comme s'il devait bientôt aborder. Mais le vent ayant poussé les sarments plus près du rivage, ils crurent voir non plus un vaisseau, mais une simple barque. Ensuite, lorsqu'ils furent près d'eux, ayant vu que ce n'était que des sarments, ils se dirent les uns aux autres : « Comme nous attendions vainement ce qui n'était rien ! »

Morale. Cette fable montre que certains hommes, qui au premier aspect paraissent terribles, ne sont rien si vous les mettez à l'essai.

FABLE 40.

Τῶν δὲ Προβάτων	Or les Brebis
πεισθέντων ὑπὸ ἀνοίας,	ayant été persuadées par sottise,
καὶ ἐκδεδωκότων τοὺς κύνας,	et ayant livré les chiens,
οἱ Λύκοι διεσπάραξάν τε τοὺς κύ-	les Loups et déchirèrent les chiens,
καὶ διέφθειραν [νας,	et détruisirent
ῥᾷστα τὰ Πρόβατα.	très-facilement les Brebis.

FABLE 40.

ΟΔΟΙΠΟΡΟΙ. — LES VOYAGEURS.

Ὁδοιπόροι ὁδεύοντες	Des Voyageurs faisant-route
κατά τινα αἰγιαλὸν,	le long d'un rivage,
ἦλθον ἐπί τινα σκοπιάν.	vinrent sur une éminence
Καὶ θεασάμενοι ἐκεῖθεν	Et ayant vu de là
φρύγανα	des sarments
ἐπιπλέοντα πόρρωθεν,	naviguant-vers eux de loin,
ᾠήθησαν εἶναι	ils pensèrent eux être
μεγάλην ναῦν.	un grand vaisseau.
Διὸ δὴ προσέμενον,	C'est pourquoi donc ils attendaient,
ὡς αὐτῆς	comme lui
μελλούσης προσορμίζεσθαι	étant-sur-le-point d'aborder.
Ἐπεὶ δὲ τὰ φρύγανα	Mais lorsque les sarments
φερόμενα ὑπὸ ἀνέμου	poussés par le vent
ἐγένετο ἐγγύτερω,	furent plus près,
ἐδόκουν βλέπειν οὐκέτι ναῦν,	ils pensaient voir non plus un vaisseau
ἀλλὰ πλοῖον.	mais une barque.
Ἰδόντες δὲ αὐτὰ ἐξενεχθέντα	Puis ayant vu eux ayant été amenés
ὄντα φρύγανα,	étant (être) des sarments,
ἔφασαν πρὸς ἀλλήλους·	ils dirent les uns aux autres ·
« Ὡς ἄρα ἡμεῖς	« Comme donc nous
προσεδεχόμεθα μάτην	nous attendions en vain
τὸ ὂν μηδέν.	cela n'étant rien. »

Ἐπιμύθιον. — *Morale.*

Ὁ μῦθος δηλοῖ ὅτι	La fable montre que
ἔνιοι τῶν ἀνθρώπων,	quelques-uns des hommes,
δοκοῦντες ἐξ ἀπροόπτου	paraissant à l'improviste (dès l'abord)
εἶναι φοβεροὶ,	être terribles,
ὅταν ἔλθωσιν εἰς πεῖραν,	lorsqu'ils sont venus à l'essai,
εὑρίσκονται ἄξιοι οὐδενός.	sont trouvés dignes de rien.

NOTE

Page 4 : 1. Ἵνα μου τὸν φόρτον ἄρῃς, Afin que *tu soulèves* mon fardeau, et non pas : Afin que *tu aies soulevé*, traduction littérale de l'aoriste ἄρῃς. Quoique nous nous soyons fait une loi de la fidélité la plus scrupuleuse, et que nous rendions habituellement chaque mot, chaque forme par le mot et la forme qui leur correspondent exactement en français, nous avons souvent été forcés de traduire l'aoriste par d'autres temps que notre passé. Ce temps, en effet, aux modes impératif, subjonctif, optatif et infinitif, exprime fréquemment en grec, surtout quand il est uni à la particule ἄν, le sens du présent et du futur; de telle sorte qu'en le rendant constamment par le passé, outre que l'on serait souvent barbare et inintelligible, on s'exposerait à faire une multitude de faux sens et même de contre-sens; or nous n'avons pas voulu nous rendre infidèles à force de fidélité.

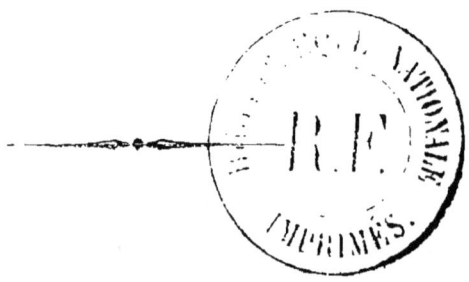

Typographie Lahure, rue de Fleurus, 9, à Paris.